초대
교회
향연

초대 교회 향연 초기 그리스도인들의 예배와 모임 이야기

발행	2025년 10월 29일
지은이	신민석
발행인	윤상문
편집인	이은혜, 이대순
디자인	박진경, 표소영
발행처	킹덤북스
등록	제2009-29호(2009년 10월 19일)
주소	경기도 용인시 기흥구 동백동 622-2
문의	전화 031-275-0196 팩스 031-275-0296
ISBN	979-11-5886-312-8 03230

Copyright ⓒ 2025 신민석
이 책은 저작권법에 따라 보호받는 저작물이므로 무단전재와 복제를 금지하며,
이 책의 내용의 전부 또는 일부를 이용하려면 반드시 저작권자와 킹덤북스의
서면 동의를 받아야 합니다.

※ 잘못된 책은 구입한 곳에서 교환하여 드립니다.
※ 책 가격은 표지 뒷면에 있습니다.

킹덤북스(Kingdom Books)는 문서 사역을 통해 하나님의 나라를 확장하고,
한국 교회와 세계 교회를 섬기고자 설립된 출판사입니다.

초대 교회 향연

신민석 지음

초기 그리스도인들의 예배와 모임 이야기

킹덤북스
Kingdom Books

| 목차 |

추천의 글 06
서문 20
고고학적 자료 목록 22
도표 목록 23

1장
예배와 모임 시간

01. 초대 교회 성도들은 언제 모였을까? 26
02. 초대 교회 주일 모임은 어떻게 이루어졌을까? 32
03. 헬라-로마 사회의 Calendar와 초기 성도들의 Lord's Day 39
04. 초대 교회 성도들은 예배와 모임 때 어떤 책들을 읽었을까? 45
05. 헬라-로마 사회의 공공 읽기와 기독 공동체에서의 성경 낭독 52
06. 독경사는 어떤 직책이었을까? 57
07. 거룩한 입맞춤은 예배의 한 의식(ritual)이었는가? 61

2장
세례와 성만찬

08. 초대 교회의 세례 의식은 어디서 기원했을까? 68
09. 『사도적 전통』을 통해서 본 개종자의 세례 과정 73
10. 세례를 받을 때 벌거벗은 몸이었을까? 아니면 최소한의 옷은 걸쳤을까? 78
11. 첫 1세기 성만찬 예식은 유월절 잔치와 무슨 관련이 있을까? 84
12. 성만찬과 헬라-로마 사회의 연회와는 무슨 관련이 있을까? 90

3장

모임 장소

13. 초기 기독교인들과 가옥에서의 모임 98
14. 가옥만이 초기 기독교인들의 모임 장소였을까? 104
15. 에베소의 두란노 서원은 어떤 곳이었을까? 112
16. 케파르 오트나이 교회는 어떤 곳이었을까? 116
17. 두라-유로포스 교회는 어떤 곳이었을까? 123

4장

찬양과 신앙고백

18. 초대 교회 성도들은 어떤 찬송을 불렀을까? 130
19. 『솔로몬의 송가』를 통해서 본 초대 기독교인들의 찬양 137
20. 옥시린쿠스 파피루스(P.Oxy. 15.1786)와 초대 교회 찬송 144
21. 사도신경은 사도들의 신앙고백일까? 149
22. 초대 교회는 이단의 위협으로부터 어떻게 신앙을 지켜나갔을까? 155
23. 초대 교회는 핍박의 위협 앞에서 어떤 신앙의 고백을 했을까? 163

주요 참고 문헌 169
주제 & 인명 색인 177
미주 185

| 추천의 글 |

문화랑
고려신학대학원 예배학 교수

　신민석 박사는 호주의 명문 Macquarie 대학에서 초대 교회사 전공으로 박사 학위를 취득한 실력 있는 학자이다. 오랫동안 성실히 연구한 결과물을 가지고 한국의 독자들 앞에 본서를 내어놓게 되었다.

　일반적으로 성도들과 신학을 공부하는 이들이 초대 교회에 깊은 관심을 가지고 있지만, 어떤 책을 보아야 할지 막막한 경우가 많았다. 특히 초대 교회의 예배 문제에 대해서는 미국의 Paul Bradshaw, Frank C. Senn, Maxwell Johnson, Gregory Dix 등의 저작을 봐야 하지만 너무나도 방대하고 전문적인 까닭에 접근하기가 쉽지 않았던 것이 사실이다.

　신민석 박사는 역사 전공자로서 엄밀성과 정확성을 가지고, 여러 문헌들을 탐독하며 얻었던 정보들을 쉽고 선명하게 제시한다. 초대 교회의 예배와 역사적 이슈들을 공부하면서 제기할 수 있는 여러 질문들에 대한 상세한 설명을 제공한다. 무엇보다도 충실하고 성실한 미주는 이 책이 얇지만 가볍지 않은 책임을 보여준다. 이 책을 통해서 초대 교회에 대한 이해의 증진과 연구의 외연 확장이 일어나길 기대한다.

| 추천의 글 |

박태현
총신대학교 실천신학 교수, 헤르만 바빙크의 『개혁교의학』 역자

　본서는 교회사 학자인 신민석 박사의 고고학적 검증을 통한 초대 교회사 작품이다. 저자는 21세기 현대 그리스도인들을 시간을 거슬러 초대 기독교 공동체 성도들의 실제적인 삶의 현장으로 안내한다. 마치 타임캡슐을 타고 흥미로운 과거의 시공간을 여행하는 기쁨을 선사한다. 오늘날 한국 교회 성도들은 초대 교회 성도들의 신앙생활의 모습을 잘 모르기 때문에 자연스레 오늘 우리의 삶의 관점과 양식으로 초대 교회의 삶에 투영하여 이해하려 한다. 본서의 저자는 이런 잘못을 적극적으로 시정해 준다. 즉, 저자는 초대 교회의 신앙생활의 다양한 측면들, 즉 주일 예배 모임, 세례와 성만찬, 모임 장소, 그리고 찬양과 신앙고백을 알기 쉽게 소개하는 동시에 도표와 사진, 그림들을 제공함으로써 전체적으로 한눈에 알아보도록 돕는 친절함을 베푼다.

　무엇보다도 본서의 특장점은 고고학적 자료들과 기독교 문헌들, 교

부들의 글들, 그리고 공인된 전문가들의 글을 통해 초대 교회 성도들의 신앙생활을 정확하고도 상세하게 소개한다. 단지 학문 세계에서만 언급되었던 초대 교회 성도들의 구체적인 신앙생활의 모습들을 오늘날 성도들이 이해하기 쉬운 글로 간략하게 소개하고 있는 것이다. 게다가 초대 교회 성도들이 직면했던 현실적 문제였던 각종 이단들과 정치적 핍박 아래서조차 순수 신앙을 지킨 믿음의 절개를 소개함으로써 21세기 포스트모던 사회를 살아가는 한국 교회 성도들에게 쉽지 않은 도전 앞에 믿음으로 굳게 설 것을 격려하고 있다. 오늘 우리의 믿음은 뿌리 깊은 역사적 전통을 이어받은 순수한 것이며, 또한 동시에 다음 세대에게 전수해야 할 소중한 유산이다. "마라나타, 주여 속히 오시옵소서!"

| 추천의 글 |

안희열
한국침례신학대학교 선교학, 전 한국복음주의선교신학회장

위드 코로나 시대에 한국 교회는 세상으로부터 신뢰도가 더 추락했는데, 교회와 세상 간의 애착 관계를 증진시키기 위해서는 초대 교회의 정신을 회복해야 합니다. 반갑게도 이번에 신민석 박사께서 『초대 교회 향연: 초기 그리스도인들의 예배와 모임 이야기』를 출간하게 되어서 너무 반가웠고, 무엇보다 한국 교회로 하여금 초대 교회의 신앙과 정신을 발견케 하는데 도움을 주어 단숨에 읽었습니다. 그 이유는 다음과 같습니다.

첫째, 흥미로운 질문으로 구성되어 있습니다. 초대 교회 성도들은 언제 모였는지, 초대 교회의 주일 모임은 어떻게 이뤄졌는지, 초대 교회의 세례 의식은 어디서 기원했는지 등에 관해 질문을 던지고, 자세히 답을 해주어서 내용을 쉽게 알 수 있습니다. 한 마디로 흥미롭습니다.

둘째, 탁월한 리서치가 엿보입니다. 저자가 전달하고자 하는 메시지에 관한 연구가 탁월합니다. 구석구석에 묻혀 있는 1차 자료를 발굴해서 미주를 달고 참고 문헌에 소개함으로써 책의 전문성과 학문성의 깊이를 더해 줍니다.

셋째, 사진과 도표를 적재적소에 달아 지루하지가 않습니다. 저자는 독자들의 이해를 돕고자 고고학적 자료 25개의 사진과 도표 15개를 소개했습니다. 저자가 메시지만큼 중요하게 여긴 것이 고고학적 자료와 도표임을 한눈에 알 수가 있습니다. 지금까지 소개되지 않았던 귀한 고고학적 자료와 도표는 초대 교회를 더욱 깊이 알아 가게 해 줍니다.

넷째, 초대 교회를 보다 쉽게 이해할 수 있습니다. 지금까지 발행된 초대 교회사는 주로 전문 서적이어서 독자층이 제한되어 있습니다. 반면에 이 책은 '질의응답식'의 전문성을 지닌 초대 교회사라 누구나 쉽게 이해할 수 있는 강점이 있습니다.

초대 교회사를 새로운 각도로 접근하여 본서가 출간하게 되어서 하나님께 영광을 돌립니다. 이 책을 통해 세상으로부터 외면당한 한국 교회가 초대 교회의 신앙과 정신을 재발견해서 다시 한번 비상하기를 소망하는 목회자, 성도 그리고 모든 분들에게 이 책을 적극 추천합니다.

| 추천의 글 |

이승구
합동신학대학원대학교 조직신학 교수

 맥콰리 대학교에서 초대 교회사로 박사 학위를 받은 신민석 박사께서 이번에 정말 흥미롭게 초대 교회의 정황을 잘 소개하는 책을 내주셨습니다. 다들 이상규 교수님의 수제자라고 생각하는 신 박사님께서 평소 스승이 강조해 주시던 바를 잘 반영하면서 다양한 문제들에 대해서 성도들이 궁금해 할 문제들을 잘 설명하는 귀한 책을 내셨습니다. 이 책은 고신과 호주에서 공부하신 스승을 따라가는 후학의 연구 정황을 잘 드러내어 보여주면서, 학문적으로 대를 이어 잘 탐구해 가는 모습을 잘 보여주는 책이기도 합니다.

 이 책은 학문적으로 깊은 내용을 담고 있고 심각한 논의를 잘 소개하면서도, 성도들을 위한 책이 될 수 있게끔 성도들의 궁금증을 이끌어 내고 그에 대해 좋은 대답을 주시는 방식으로 구성하여 독자들이 매우 자연스럽게 초대 교회 안으로 들어가 생각하고, 초대 교회와 지금 여기 있는 우리들을 잘 연결시키면서 우리들의 교회가 제대로 된 교회가 될 수 있는 길을 제시하는 매우 귀중한 책입니다. 이렇게 (1) 학문적이면서도 동시에 (2) 대중에게 쉽게 다가가고, 또한 (3) 매우 큰 목회적 함의를 지닌 이런 글쓰기는 우리 모두가 부러워하는 글쓰기입니다. 부디 한국 교회의 모든 분들이 이 책을 읽고서 초대 교회의 정황을 생각하면서 오늘 우리들의 교회가 어떤 방향으로 가야 하는 지를 생각하는 기회가 되기를 바라면서, 신 박사님의 귀한 책을 한국 교회에 추천하는 바입니다.

| 추천의 글 |

이상규
고신대학교 명예교수, 백석대학교 석좌교수

    이번에 신민석 박사의 『초대 교회 향연: 초기 그리스도인들의 예배와 모임 이야기』가 출판된 것을 기쁘게 생각합니다. 신민석 박사는 고신대학교 신학과 출신으로 저는 그의 학구(學究)의 여정을 잘 알고 있습니다. 그는 성실하고 진지한 신학도였고, 고신대학교를 졸업한 이후에는 제가 연구년을 보내고 있던 호주 시드니의 맥콰리 대학교로 유학하여 10여 년간 저명한 고대사학자들인 에드윈 저지(Edwin Judge), 사무엘 리우(Samuel Lieu), 크리스토퍼 폽스(Christopher Forbes), 알라나 놉스(Alanna Nobbs) 같은 교수들의 가르침을 받았고, 폴 맥케크닉(Paul McKechnie) 교수 휘하에서 초대 교회와 박해 문제를 연구하여 2014년 박사 학위를 받았습니다. 그는 고대 언어를 공부하고 고대 문헌을 섭렵하면서 초기 기독교와 헬라-로마 사회에 대한 깊은 식견을 쌓아 이미 여러 편의 논문을 발표한 바 있습니다. 이번에는 그간의 연구를 기초로 초대 교회에서의 예배에 대한 책을 출판하게 된 것입니다.

이 책은 초기 기독교회의 예배와 모임에 관한 연구입니다만 주일 예배가 어떻게 진행되었는지, 그리고 세례와 성찬의 기원과 방식, 집회소의 건축학적 구조, 초기 성도들이 불렀던 찬송과 신앙고백 등에 대해 세밀하게 안내하고 있습니다. 이런 주제들은 그동안 한국 학계나 교계에 알려지지 않았던 주제들이라는 점에서 특별한 의미를 지닌다고 하겠습니다.

특히 이 책에 수록된 각종 고고학적 자료들, 그리고 초기 기독교 예배와 집회에 관한 흥미로운 도표는 이 책의 가치를 더 해 줍니다. 저자는 이런 주제에 대해 깊이 연구하고 유관 문헌을 섭렵하였지만 평이하게 기술하여 누구든지 읽고 공부할 수 있도록 배려했다는 점입니다. 따지고 보면 그간의 오랜 구학(究學)의 여정이 이런 책을 출판할 수 있는 기초가 되었다고 생각합니다.

저는 이 책의 출판을 충심으로 환영하고 이 책이 한국 교회에 큰 유익을 줄 것으로 확신하며 기쁨으로 이 책을 추천합니다. 이 책을 시작으로 초대 교회에 대한 연구와 집필이 계속되기를 기대합니다.

| 추천의 글 |

박정곤
고현교회 담임, UPMA(미전도종족선교연대 이사장)

　우리 신앙과 신학의 기준은 성경입니다. 하지만 그 성경을 살아내는 교회의 기준이 될 만한 것은 현 시대에 존재하지 않습니다. 그래서 우리는 2025년이나 되었어도 2000년 전 생겨났던 초대 교회의 모습을 살피고 기준 삼고 있습니다. 그만큼 초대 교회는 지금까지 현재 우리 교회가 잘못된 길로 가지 않고, 잘못된 사상과 신앙을 가지지 않도록 잡아주는 길잡이 역할을 합니다.

　그런데 신기한 것은 초대 교회에 대한 연구 자료가 많지 않다는 것입니다. 그 이유는 역사적 문헌이나 자료를 수집하는 것도 어렵고, 자료가 많지도 않을뿐더러, 해석도 어렵기 때문입니다. 이러한 이유로 초대 교회의 예전이나 상황에 대한 기록을 참고하고 연구할 때면 로버트 뱅크스의 '1세기 교회 예배 이야기'라는 책만 의지할 때가 많았습니다.

목회자로서 초대 교회의 상황을 연구하여 쉽게 공부할 수 있는 책이 나왔으면 하는 바램이 늘 있었습니다. 그런데 하나님의 은혜로 신민석 박사께서 이 귀한 주제의 책을 출판해 주셨습니다. 이 책의 가장 큰 강점은 정리를 너무 잘했고, 이해가 되도록 편집했으며, 찾아보기 어려운 내용을 도표로 다 정리해 주셨다는 겁니다.

또한 목사님들이나 신학자들뿐 아니라 일반 성도들이 궁금할 내용에 대한 답이 너무 재미있게 풀어져 있어서 필독서로 삼기에도 참 좋은 책입니다.

저는 이 책이 앞으로 수십 년 동안 한국 교회 강단과 교육과 양육에서 빛을 발할 것이라 확신합니다. 그리고 우리나라 신학자가 초대 교회에 대한 방대하고 자세한 연구 자료를 출판하여 주신 그 수고에 감사를 드리고, 하나님께 영광을 올려 드립니다.

| 추천의 글 |

안인섭
총신대학교 신학대학원 역사신학 교수

『초대 교회 향연』이란 책의 파일을 처음 받고 저는 몇 가지 점에서 흥미를 가지고 읽게 되었습니다. 아직 한 번도 만나지 못한 저자를 책으로만 접하고 있다는 궁금증과 신선함도 있었지만, 무엇보다 이 책이 다루고 있는 주제에 매료되었기 때문입니다. 코로나19 이후 시대를 지내고 있는 현대 목회자와 성도들은 자연스럽게 초대 교회의 예배에 대해 큰 관심을 가지게 되었습니다. 이 초대 교회는 16세기 유럽의 종교개혁자들도 가장 모범으로 삼고 싶어 했던 신앙의 고향과도 같은 곳이었습니다. 그렇지만 초기 그리스도인들의 예배를 연구한 전문가의 책을 손에 쥐기가 쉽지 않았습니다. 그러던 차에 초대 교회 박해와 예배에 대해 역사적 고증을 거친 신민석 박사의 책을 만나게 되었으니 독자들은 큰 유익을 얻게 될 것이 분명해 보입니다.

지금까지 초대 교회 연구들은 주로 암브로스, 어거스틴, 크리소스

톰 등과 같은 위대한 교부들의 연구에 집중되어 온 경향이 있습니다. 그런데 이번에 신 박사의 본 저서는 콘스탄틴 대제 이전의 역사를 자세하고 소개해 주고 있으니 독자들은 더욱 초대 교회의 근원에 접근할 수 있을 것입니다.

더구나 이 책은 누구나 이해할 수 있는 쉬운 문체와 구성으로 되어 있어 더욱 도움이 됩니다. 특히 국가의 박해로부터 신앙을 지켜나갔던 초대 교회 성도들에 대한 부분들은 깊은 영적 감동과 도전을 주고 있습니다.

이 책을 읽는 독자들, 특히 한국 교회 목회자와 성도들은 역사적인 기독교 신앙의 본질에 더욱 가까이 갈 수 있을 것이라고 생각합니다. 본 저서가 콘스탄틴 이전까지의 역사를 다루고 있으니, 앞으로 그 이후 초대 교회의 발전에 대한 저자의 후속 작업도 기대해 보겠습니다.

서문

　초대 교회 성도들은 언제 모여서 예배를 드렸을까? 으레 가장 먼저 떠올리는 것이 현재 달력이고, 이를 보고 매주 일요일에 예배를 드렸다고 말할 것이다. 너무 쉬운 질문이었다. 하지만 틀린 답이다. 초대 교회 성도들이 살았던 시대에는 현재의 달력은 존재하지도 않았고, 비록 주-7일 달력이 소개되긴 했으나 당시 로마 제국에서는 주-8일 달력이 공식적으로 사용되었기 때문이다.

　초대 교회를 이해함에 있어 시대적 배경을 아는 것이 얼마나 중요한지 새삼 깨닫게 하는 질문이다. 본 책은 초대 교회의 모습을 살피되 이런 시대적 배경, 즉 사회적, 사상적, 정치-종교적 상황을 바탕으로 연구하였다. 평소 한두 편 써 놓았던 것이 지금에서야 어느 정도 완성이 되어 출판하게 된 것이다.

　이 책에서는, 다양한 주제들 가운데서도 특히 초기 그리스도인들의 모임과 예배에 관련된 이슈들만 다루었다. 교리적이고 신학적인 문제들보다는 사료와 사실에 근거한 초대 교회와 초기 그리스도인들의 모습 그 자체를 생생하게 그려내는 데 무엇보다도 집중하였다. 더 깊은 연구를 원하는 독자를 위해서 미주 작성에도 충실히 임했다. 시대적 범위는 대체로 콘스탄티누스 대제 이전으로 정했는데, 그의 시대를 축으로 로마 제국에서의 기독교인의 사회적 입지가 크게 달라졌기 때문이다.

이 책은 내용상 네 부분으로 구분되어 있는데, 1장에서는 초기 성도들이 언제 모였는지, 주일 예배는 어떻게 이루어졌는지, 성경을 포함해 어떤 책들을 읽었는지에 대해서 집중적으로 살펴보았다. 2장에서는 초대 교회에서 행해진 세례와 성만찬을 유대교의 배경과 헬라-로마의 사회적 상황에서 다루었다. 3장에서는 초대 교회의 모임 장소를 헬라-로마 사회의 건축학적 배경에 근거해 논했고, 케파르 오트나이 교회와 두라-유로포스 교회도 각각 다루었다. 마지막 4장에서는 초대 교회 성도가 불렀던 찬송을 정리했고, 특히 『솔로몬의 송가』와 옥시린쿠스 파피루스(P.Oxy 15.1786)에 기록된 찬송을 분석했다. 아울러, 이단의 위협과 정치적인 핍박 가운데서 초기 성도들이 어떻게 신앙을 지켜나갔는지도 살펴보았다.

일부 내용은 본 저자의 논문에서도 발견되는데, "살라미스의 에피파니우스," 『한국개혁신학』 32 (2011.11), 389-424; "초대 그리스도인들의 모임 장소에 대한 재고찰: 크라우트하이머의 이론을 바탕으로," 『신학논단』 103 (2021.03), 107-46 그것이다.

이 책의 출판을 흔쾌히 허락해 준 킹덤북스(Kingdom Books) 대표 윤상문 목사님께 감사를 드린다. 바쁜 와중에도 조언과 함께 추천의 글을 써 준 문화랑, 박태현, 안희열, 이승구, 안인섭 교수님과 박정곤 목사님께 진심으로 감사드린다. 언제나 큰 버팀목이 되어준 나의 스승 이상규 교수님의 격려와 지도가 없었다면 이 책은 나오지 못했을 것이다. 또한 늘 나의 곁에서 묵묵히 응원해 준 아내에게 감사를 전한다.

스스로 질문하고 답을 찾으며 글을 쓰는 내내 행복했었는데 이 기쁨을 함께 나누게 됨을 더없이 감사하게 생각한다. 많은 면에서 부족한 이 글을 읽는 독자에게 감사하며, 이 책이 초대 교회와 초기 그리스도인들의 삶과 신앙을 이해하는 데 조금이나마 도움이 되기를 소망해 본다.

고고학적 자료 목록

1. 안티움 달력	p.41
2. 사비니인의 달력	p.43
3. 아퀼라 비문, AD 4세기	p.79
4. 로마 Via della Lungara 석관, AD 3세기 후반	p.80
5. 헬라인들의 심포지움	p.93
6. 로마인들의 콘비비움	p.93
7. 트리클리니움, 오스티아 안티카	p.100
8. 재현된 인술라, 오스티아	p.102
9. 폼페이 dell'Abbondanza 길에 위치한 상가 골목	p.106
10. 오스티아 다이아나 집 거리에 있는 상가	p.107
11. 수라 목욕탕 평면도	p.108
12. 세바스티안 카타콤의 트리클리아	p.110
13. 타베르나에서 페르굴라로 통하는 계단, 헤르쿨라네움	p.114
14. 포티투스의 집으로 알려진 타베르나, 폼페이	p.114
15. 재현된 케파르 오트나이 교회	p.117
16. 가이아누스 글귀	p.118
17. 아켑투스 글귀	p.120
18. 여인의 글귀	p.121
19. 두라-유로포스 기독교 건물 유적지	p.124
20. 재현된 두라-유로포스 교회	p.125
21. 재현된 두라-유로포스 교회 건물과 회집 된 기독교인들	p.126
22. 세례소 벽화	p.128
23. P.Oxy. 15.1786 악보	p.145
24. P.Oxy. 15.1786, 파피루스 문서 파편	p.148
25. 몬타누스파 신자가 벽에 새긴 낙서	p.160

도표 목록

1. 초기 그리스도인들의 모인 날에 대한 주요 기록	p.29
2. 초대 교회 주일 예배 순서	p.34
3. 유스티누스의 『제1 변증서』 67장에 근거한 주일 예배 모임의 구성	p.36
4. 첫 3세기 기독 공동체에서 읽혀진 책들	p.51
5. 로드니 스탁의 초기 기독교인 수 산정	p.55
6. 초기 기독교 개종자 세례 의식과 유대교 개종자 세례 의식 비교	p.71
7. 초대 교회 규정집들의 연관성	p.74
8. 첫 1세기 성만찬 순서 비교	p.88
9. 헬라-로마 에라노스 연회와 고린도 교회 성만찬 비교	p.95
10. 노미나 사크라	p.119
11. 피르미니우스의 사도신경에 있는 사도들 각각의 고백	p.150
12. 『사도적 전통』에서 본 세례식에서의 세 가지 문답	p.152
13. 에피파니우스의 『약 상자』 72.3.1에 수록된 구 로마신경	p.153
14. 루피누스의 『사도신경 주석』에 있는 구 로마신경	p.154
15. 에피파니우스의 『약 상자』에 열거된 기독교 이단 목록	p.158

1장

예배와 모임 시간

01

초대 교회 성도들은 언제 모였을까?

초대 교회 성도들은 언제 모였을까? 이 질문에 대한 답을 생각할 때, 머릿속에 가장 먼저 떠오르는 단어는 아마도 '안식 후 첫날'일 것이다. '주의 첫날'로도 표현되는 이 날은 교회 공동체가 모인 날로 언급된 최초의 사례이기도 하다. 이를 언급한 첫 문헌은 사도행전 20장 7절로, "그 주간의 첫날에 우리가 떡을 떼려 하여 모였더니"라고 기록한다. 드로아의 신자들은 '그 주간의 첫날'에 모였는데 그 이유는 떡을 떼기 위해서였고, 바울은 이 모임에서 밤중까지 강론했다. 떡을 뗀 것은 고린도전서 10장 14-17절, 11장 17-34절에 언급된 저녁 식사로 보이며, 강론을 밤중까지 한 것으로 보아 저녁에 시작된 모임은 몇 시간 동안 진행되었던 것으로 보인다.

기독교인들의 모임을 언급한 또 다른 기록은 고린도전서 16장 1-3절이다. 여기서 바울은 고린도 교회 성도들에게 "매 주일 첫날에" 따로 연보를 하지 말라고 당부한다. '안식 후' 대신에 '매 주일'라는 단어를 사용함으로써 정기적인 모임이었음을 강조한다. 즉, 매 주일 첫날은 고린도 교회 성도들이 이미 정규적으로 모이고 있었던 중요한 날이었다.

2세기 초에 기록된 안디옥의 감독 익나티우스의 『마그네시아 서신』 9.1-3에 보면, 신자들을 향해 유대인의 절기 안식일이 아니라 '주의 날'을 따라서 살 것을 권면한다. 이 날은 특히 죽음을 통해서 생명이 다시 살아나는 날이라고 강조하는데, 죽음의 순간은 끝이 아니라 곧 부활의 시작이라는 그의 신앙적 인식을 엿볼 수 있다. '주의 날'에 사용된 헬라어 단어는 흥미롭게도 'κατὰ κυριακὴν'이다.

익나티우스가 사용한 이 단어는, 『디다케』 14.1에서도 발견된다. 2세기 초에 기록된 이 문헌은 초대 교회의 가장 중요한 규정집으로 볼 수 있는데, "주일"(κυριακὴν)에 모여 떡을 떼며 감사를 드리라고 권면한다. 주일 앞에 "주님의"(κυρίου, Lord's)라는 단어를 덧붙여 이 날은 예수 그리스도에게 속한 아주 특별한 날임을 강조한다.

헬라어 κυριακὴν(쿠리아켄)은 여성형 명사 κυριακή (쿠리아케)의 대격 형태이다. 형용사 κυριακός(쿠리아코스)는 로마 제국의 행정 문서에서 '황제의' 혹은 '황제에게 속한 것'을 의미했다.[01] 초대 교회는 이 용어를 차용해 안식 후 첫날, 즉 매주 첫날 정규적인 모임을 칭하는 데 사용했던 것이다. 오늘날 우리가 부르는 주일, 영어의 Lord's Day의 어원은 그렇게 시작되었다.

요한계시록 1장 10절에 보면, 사도 요한은 성령에 감동되어 나팔 소리 같은 큰 음성을 듣는데, 그 날은 "주의 날"(ἐν τῇ κυριακῇ ἡμέρᾳ)이었다고 고백한다. 여기서도 헬라어 κυριακῇ라는 용어가 사용되고 있는데, 구체적인 날, 즉 안식 후 첫날을 칭하는 것으로 보아야 한다.

그리스도인들의 주일 모임은 로마 지식층의 기록에서도 증명이 된다. 속주 비두니아-본도 총독이었던 플리니우스(Plinius Minor, c. 61-c. 113 AD)는 그리스도인들의 처결 문제와 관련해 트라이아누스(Traianus, 98-117) 황제에게 서신을 보낸 적이 있다. 이 서신에서, 그리스도인들은 "규칙적으로 어떤 특정한 날 동이 트기 전"(stato die ante lucem convenire) 모여 찬양을 한 뒤, 헤어진 후에 음식을 나누기 위해서 다시 모인다고 보고했다.[02]

일부 학자들은 여기서 언급된 특정한 날을, 매번 동일한 주일로 반드시 볼 필요는 없다고 주장하기도 한다.[03] 하지만 유대인들이 정규적으로 모임을 갖는 안식일과는 구별해서 기독교인들의 모임 날을 언급한 것을 보면, 플리스니우가 말한 특정한 날은 매주 주일로 해석하는 것이 더 자연스러워 보인다. 결국, 2세기 초 소아시아 비두니아와 본도 지역의 기독교인들은 주일의 경우, 아침에 한 번 모였고 다시 저녁에 한 번, 이렇게 총 두 번의 모임을 가졌다고 결론지을 수 있다.

2세기 중반 이후 기록된 문헌들을 보면, 그리스도인들은 주일뿐만 아니라 주중에도 모였음을 알 수 있다. 가령, 테르툴리아누스 시대 북아프리카 카르타고의 기독교인들은 주일 저녁뿐만 아니라, 매일 아침에도 모였다. 일부 신자들이 주일에 단 한 번 행한 성찬 예식에 만족하지 못했고, 그래서 주중에도 성찬을 가지기 원해 평일에도 모였던 것이다.[04]

테르툴리아누스의 또 다른 문헌 『우상론』 7장에 보면, 그는 직업이 우상 장색인 신자들이 주의 몸을 매일 파괴한다면서 한탄을 토로하고 있다. 여기서 '주의 몸'은 성찬을 가리킨다. '매일'이라는 표현을 사용한 것으로 보아 성찬이 매일 행해졌다는 것을 알 수 있다. 시간대는 분명하지 않지만, 앞의 기록을 참고할 때 아침으로 보인다. 비록 수요일과 금요일에 금식한다는 초대 교회의 전통에 따라 성찬에 참여하지 않은 신자들도 있었겠지만, 성찬 예식은 매일 아침 행해졌던 것으로 보인다.

초대 교회 그리스도인들이 모였던 날에 대한 초기 교부들과 로마 지식인의 기록은 아래와 같이 정리될 수 있다.[05]

	주일		월		화		수		목		금		토	
	아침	저녁	아침	저녁	아침	저녁	아침	저녁	아침	저녁	아침	저녁	아침	저녁
소 플리니우스	○	○	×	×	×	×	×	×	×	×	×	×	×	×
알렉산드리아의 클레멘트	○	×	○	×	○	×	○	×	○	×	○	×	○	×
테르툴리아누스	○	○	○	×	○	×	○	×	○	×	○	×	○	×
오리게네스	○	×	○	×	○	×	○	×	○	×	○	×	○	×
키프리아누스	○	○	○	×	○	×	○	×	○	×	○	×	○	×
『사도적 전통』	○	○	○	×	×	×	○	×	×	×	○	×	○	×

[도표 1. 초기 그리스도인들의 모인 날에 대한 주요 기록]

위의 표를 보면 클레멘트와 오리게네스를 제외한 모든 경우, 기독교인들은 주일에는 아침, 저녁 이렇게 두 번 모였다는 것을 증언한다. 앞서 플리니우스의 기록에서도 밝혔지만, 주일의 경우 왜 아침(혹은 새벽)에 모였다가 헤어진 후 다시 저녁에 모였을까? 일반적으로 초대 교회는 3세기 중반까지 성찬이 있는 저녁 모임을 중시 여겼는데, 아마도 공휴일이 아니었던 이 날 아침에는 시간이 부족하여 성찬을 할 수 없었고 저녁에야 가능했기 때문이라고 볼 수도 있다.

하지만, 3세기 중반을 지나면서 아침 모임 역시 중시 여겨졌는데, 이 점은 특히 카르타고의 감독 키프리아누스의 기록에서 발견된다. 그는 주일 아침의 성찬이 더욱 중요하다고 하면서, 모든 성도들이 참여치 않는 성찬

은 '성례'가 될 수 없다고까지 말했다.[06]

키프리아누스는 "주를 고백하는 소리가 매일(cotidie) 들려지기를" 소망하며 평화로운 시대를 위해서 기도하기도 했다.[07] 여기서 '매일'이라는 단어를 통해, 당시 핍박받는 교회에서는 매일 예배가 드려졌고 이때 성찬도 함께 행해졌던 것을 유추할 수 있다. 또한 그는 "제사장들이 하나님의 희생 제사를 매일(cotidie) 드렸다"고 언급한다.[08] 키프리아누스가 성찬을 희생 제사의 용어로 빈번히 말하는 점을 볼 때, 핍박의 시기인 252년 혹은 253년 북아프리카에서는 성찬 예식이 매일 드려졌음을 알 수 있다.[09] 매일의 성찬식을 통해 그리스도의 십자가의 죽음과 부활을 기억함으로써 신자들은 서로가 함께 고난의 시기를 극복해 갔던 것으로 보인다.

키프리아누스는 한 가지 도전에 직면하기도 했는데, 이는 아침보다는 저녁 시간이 예배와 성찬에 더 적합하다고 주장한 무리들 때문이었다. 그는 이들에 반대했고 그리스도의 부활 사건이 아침에 일어났다는 점을 이유로 들면서, 아침이 성찬을 행하기에 더 적절한 시간이라 주장했다.[10]

이상에서 살핀 것처럼, 초대 교회 성도들은 주일뿐만 아니라, 주중에도 매일 모였다. 이런 점에서 초대 교회 성도들은 everyday 크리스천이었다. 핍박의 상황에서도 그들은 함께 모이는 것을 포기하지 않았다. 크게 두 가지 이유에서인데, 하나는 부활의 소망되신 그리스도의 몸과 피를 매일 기억하기 위함이었다. 다른 하나는 환난의 시대 함께 모여 서로의 신앙을 격려하기 위함이었다고 볼 수 있다.

초기 한국 교회의 경우 얼마나 자주 모였을까? 1934년 출판된 선교사 로즈의 책에 따르면, 최초의 성도들은 주일에 두 번 혹은 세 번 정규적으로 모였으며, 수요일 저녁에도 만났다고 기록한다.[11] 그해 행해진 선교사들의 대화록 중 크로터스(John Y. Crothers) 선교사는 주일 아침에는 주일

학교를 위해서 모이고, 오후에 설교하고 또 밤에도 설교한다고 진술했다.[12] 즉, 주일의 경우 초기 한국 교회는 아침, 오후, 저녁에 이렇게 세 번 모였음을 알 수 있고 이 전통은 1890년대부터 시작되었다.[13]

주일 저녁 예배가 점점 폐지되고 교회 모임이 점점 축소되며 사라져가는 오늘날의 크리스천들에게 초대 교회 성도의 헌신적인 모습은 큰 도전으로 다가온다.

02

초대 교회 주일 모임은 어떻게 이루어졌을까?

초대 교회 주일 모임은 어떻게 이루어졌을까? 예배 순서는 어떻게 진행이 되었으며, 오늘날의 예배 순서와는 어떻게 달랐을까? 초대 교회 주일 모임에 대한 기록은 다수의 문헌에서 발견된다. 먼저, 2세기 초에 기록된 『디다케』를 보자. '열 두 사도의 가르침'이라는 원제로 알려진 이 작품은 시리아, 팔레스틴 지방에서 사용되었던 최초의 교회 규범서이다. 여기에 보면, 주일 모임은 죄의 고백, 성만찬을 위한 기도, 성만찬, 감사 기도, 교훈의 순서로 진행된다.[14]

2세기 후반의 기록을 보자. 알렉산드리아의 클레멘트는, 주일 예배는 크게 성경 봉독, 해석, 성찬, 기도, 찬양의 순서로 이어졌다고 설명한다.[15] 테르툴리아누스는 기독 공동체를 변증하면서, 교회 예배는 기도와 중보 기도, 성경 봉독, 설교, 헌금, 성만찬 기도, 성만찬, 찬양, 폐회 기도의 순서로 이어진다고 설명하고 있다.[16] 『요한행전』에서는 설교, 기도, 성만찬 기도, 성만찬의 순서로 언급한다.[17] 『베드로행전』에서는 두 가지 다른 순서가 언급되는데 성만찬, 훈계, 중보 기도의 순서와 성경 봉독, 설교, 기도, 병 고침, 성만찬의 순서가 그것이다.[18]

215년경 로마의 히폴리투스가 기록한 『사도적 전통』을 보자. 아침 모임을 전부다 설명하고 있지는 않지만 헌금과 성만찬을 위해서 모이며, 저녁 모임은 감독의 환영 인사, 성만찬 기도, 시편 암송, 잔과 떡의 분배를 위한 감독의 기도, 잔과 떡을 뗌, 만찬 중 감독의 교훈, 만찬 후 선물(즉, 남은 음식)의 분배로 이루어진다고 말한다.[19] 성찬이 아침과 저녁 두 번에 걸쳐서 이루어진 것을 알 수 있다.

초대 교회의 주일 모임은 당시 로마 제국 관료에 의해서도 기록되었다. 앞서 언급한 111년에 기록된 트라이아누스 황제에게 보낸 총독 플리니우스의 서신이다. 그 내용은, 기독교인들은 새벽에 모여 그리스도를 찬양하는 노래를 부르고, 범죄, 절도, 약탈, 간음을 하지 않기로 상호 간 맹세한 뒤 헤어진 후에, 저녁에 다시 모이는데 음식을 함께 나누기 위해서였다고 한다. 비록 플리니우스 자신이 기독 공동체의 모임을 직접 보고 기록한 것이 아니라 소문에 의존한 것이었지만, 비기독교들의 인식에 있어서도 기독교인들은 주일 새벽과 저녁, 두 차례에 모였다는 것을 알 수 있다. 이런 점에서 플리니우스의 서신은 초기 기독교 공동체의 모임을 파악하는 주요한 사료이다.

초기 기독교의 다양한 문헌에서 언급된 주일 모임 요소와 순서는 다음과 같이 정리될 수 있다.

디다케	클레멘트	테르툴리아누스	요한행전
죄의 고백 성만찬 기도 성만찬 감사 기도 교훈	성경 봉독 해석 성만찬 기도 찬양	기도 중보 기도 성경 봉독 설교 헌금 성만찬 기도 성만찬 찬양 폐회 기도	설교 기도 성만찬 기도 성만찬
베드로행전	베드로행전	사도적 전통	소 플리니우스
성만찬 훈계 중보 기도	성경 봉독 설교 기도 병 고침 성만찬	(*저녁 모임) 환영인사 성만찬 기도 시편 암송 성만찬 기도 성만찬 교훈 선물의 분배	(*새벽 모임) 찬양 기도 (*저녁 모임) 성만찬

[도표 2. 초대 교회 주일 예배 순서]

크게 성만찬과 설교(혹은 교훈, 해석)라는 두 요소를 중심으로 주일 모임이 진행된 것으로 볼 수 있다. 성만찬-설교의 순서는 『디다케』, 『베드로행전』, 『사도적 전통』에서 보여지며, 반대로 설교-성만찬의 순서는 알렉산드리아의 클레멘트, 테르툴리아누스, 『요한행전』, 『베드로행전』에서 나타난다.

이 중에서 설교-성만찬의 순서는 순교자 유스티누스의 『제1 변증서』에서도 발견되는데, 이 작품은 153-55년 황제 안토니누스 피우스에게 기독교를 변증한 저서이다. 주일 모임에 대한 그의 기록은 주일 예배 의식을 처음부터 끝까지 상세히 설명한 점에서 아주 중요한 문헌으로 평가된다.

유스티누스는 두 가지 형태의 예배를 말하고 있는데, 첫 번째 예배는 세례식 예배(baptismal service)로 세례식 뒤에는 성만찬이 따랐다.[20] 다른 하나는 주일 예배로 그 내용은 다음과 같다.

> 일요일이라 불리는 날에, 도시나 시골에 사는 그리스도인들이 한 자리에 모입니다. 시간이 허락하는 데까지 사도들의 글과 선지자들의 글을 읽습니다. 성경을 봉독하는 자의 읽기가 끝나면, 모임의 지도자인 감독이 선한 일을 따라 살 것을 권고합니다. 그리고 난 뒤, 모두 일어나서 기도를 드립니다. 기도가 끝나면, 떡과 포도주, 그리고 물이 준비됩니다. 감독은 성만찬을 위한 기도를 드리고, 회중은 아멘으로 화답합니다. 각 사람은 떡과 포도주를 분배받고, 떡과 포도주는 집사들을 통해서 모임에 오지 못한 자에게 보내지게 됩니다. 부한 자들은 원하는 만큼 많이 헌금을 하게 되고, 이 헌금은 감독이 보관합니다. 그는 고아나 과부, 병이나 다른 일들로 도움이 필요한 자, 감옥에 갇힌 자, 여행자를 위해 사용됩니다. 감독은 도움이 필요한 모든 자의 보호자인 것입니다. 우리가 주일에 모임을 가지는 것은 바로 다음의 이유 때문입니다. 이 날은 하나님께서 어두움과 물질들을 변화시켜 세상을 만드신 날이고, 또한 예수 그리스도 우리의 구주께서 죽음에서 살아나신 날이기 때문입니다.[21]

이 모임을 행한 때가 저녁이었는지 아침이었는지 본문에서는 언급하고 있지 않다. 독일의 신학자 리쯔만(Lietzmann)의 경우 아침 모임을 주장했는데,[22] 이 경우 저녁에 따로 행해졌던 성찬식이 아침 말씀의 예배 때

옮겨져 함께 드려진 것으로 생각할 수 있다.

하지만 저녁 모임으로 보는 것이 더 적절해 보인다. 당시 이날은 오늘날처럼 공휴일이 아니었다. 참석자들은 모임을 마친 후 바로 일을 하러 가야 되었기에, 열거된 모든 순서들이 아침에 행해졌다고 보기는 어렵다. 또 모임에 오지 못한 자들에게까지도 음식이 전달되었던 것으로 보아 꽤 규모가 있는 식사로 보여지며, 당시 저녁 식사가 가장 풍성했던 관습이었음을 볼 때 저녁 모임임에 분명하다.

아래의 도표처럼, 유스티누스가 기록한 주일 모임은 크게 두 가지 형태로 나누어져 있다. 첫째는 성경을 읽고, 말씀을 강독하고, 그리고 모두 일어나서 함께 기도를 드리는데, 이를 말씀의 예배(the service of the word)라 부를 수 있다. 둘째는 성만찬의 예배(the Eucharistic service)라 볼 수 있는데, 떡과 포도주를 가져오고, 감독의 감사 기도가 이어지며 회중의 아멘이 뒤따른다. 분병과 분잔이 이루어지고, 혹시 불참자가 있으면 집사를 통해서 떡과 포도주가 그 가정으로 보내어졌다.

순서	담당자	
공공 성경 읽기 말씀 강독, 훈시 함께 기도 (*찬양)	성경 읽는 자 감독 다 함께	➡ 말씀의 예배 Service of the Word
떡과 잔의 준비 성찬을 위한 기도 성찬(음식)의 분배 식사	감독과 참석자 (집사가 불참자에게 전달)	➡ 성만찬의 예배 Service of Upper Room
헌금	감독이 보관	

[도표 3. 유스티누스의 『제1 변증서』 67장에 근거한 주일 예배 모임의 구성]

"사도들의 글과 선지자들의 글"은 각각 복음서와 구약의 선지서라 볼 수 있다. 당시 유대인들이 안식일 날 회당에서 모였을 때, 토라를 읽었는데 순차적으로 읽었던 점을 고려해 볼 때, 기독 공동체에서 복음서와 선지서는 순차적으로 읽어 나갔던 것 같다. 구약의 선지서가 읽혀진 것은 기독론적인 교훈을 입증하고 뒷받침하기 위해서였고, 복음서는 예수님의 이야기를 계속 전하는 것으로 읽혀졌다.

"시간이 허락하는 한"(μέχρις ἐγχωρεῖ) 성경을 읽었다고 기록하고 있는데, 복음서, 요한계시록, 사도행전과 같이 긴 책들이 전체적으로 읽혀졌다기보다는 서신서와 같은 짧은 책들이 읽혀졌을 것이라 추측된다.[23] 복음서와 같이 긴 책의 경우에는 순차적으로, 서신서의 경우는 한 번에 다 읽혀졌을 가능성이 크다. 어떤 경우든, 당시 성경을 듣는 것은 주일 모임 때에만 가능했기 때문에 읽는 시간을 상대적으로 오래 가졌던 것으로 보인다. 오리게네스는 성경 낭독 시간과 관련해 흥미로운 에피소드를 전하기도 하는데, 어떤 이는 낭독 시간을 지루하게 여겨 참지 못하기도 하고, 어떤 이는 졸음을 참지 못해 잠들기고 하고, 어떤 이는 잡담을 한다는 이야기다.[24]

유스티누스의 글은 성찬식에 불참한 자들에게 빵과 포도주를 보냈다는 사실을 언급한 최초의 기록이기도 하다. 테르툴리아누스의 기록은 이와 조금 다르다. 『그의 아내에게』라는 작품에 보면, 당시 성찬식에 참여한 자들은 성찬식 빵을 집으로 가져가 주중에 성찬을 행하기도 했다고 기록한다. 테르툴리아누스는 불신자 남편을 둔 여 신자의 경우, 가정에서 비밀리에 빵을 먹으며 성찬을 거행할 경우 그 남편과의 관계에서 문제를 야기할 수 있다고 하면서, 문제점을 지적하기도 했다.[25]

헌금은 감독이 보관했고, 고아, 과부, 병자, 죄수, 방랑자 등 당시 대표적인 사회적 약자들을 위해서 사용되었다. 주일 모임을 갖는 신학적인 이유로 예수의 부활 외에, 어두움에서 빛을 만든 창조의 첫째 날을 말한 것은 주일 성수의 신학적인 의미를 더 풍성하게 한다.

초대 교회와는 달리, 초기 한국 교회의 경우 주일 예배는 말씀을 중심으로 찬양과 기도로 이루어졌다. 1887년 10월 9일 세워진 벧엘예배당(후일 정동감리교회) 창립 예배의 순서를 보면 아주 간단한데, 개회 기도, 성경 봉독, 설교, 기도의 순서로 진행되었다.[26] 초대 교회로 치자면 말씀의 예배에 해당된다. 약 50년 뒤인, 1936년 2월 23일 평양 산정현교회 오후 2시 주일 예배 역시, 비록 다른 순서들이 더해졌지만 이 역시 말씀을 중심으로 한 예배임을 알 수 있다. 그 순서는, 주악, 송영, 묵기도, 찬송, 축원, 성경, 기도, 헌금, 광고, 성가, 설교, 기도, 찬송, 축복이다.[27]

03

헬라-로마 사회의 Calendar와 초기 성도들의 Lord's Day

초대 그리스도인들은 공 예배를 언제 드렸을까? 이 질문을 받게 되면, 제일 먼저 떠올리게 되는 것이 현재 우리가 사용하고 있는 달력이다. 이 달력을 근거로, 매주 공휴일로 지정된 일요일에 모여서 예배를 드렸다고 말한다. 하지만 틀린 답이다. 초대 교회 그리스도인들은 현재 우리가 사용하는 달력을 갖고 있지 않았다는 점에서 그렇다. 더군다나 로마 제국에서 사용된 공식적 달력은 주8일 달력으로, 당시 안식 후 첫날인 주일은 매번 공휴일도 아니었다.

지금 우리가 사용하는 달력을 그레고리력이라고 하는데, 1582년 교황 그레고리우스 13세(Gregorius XIII, 1572-85) 때 만들어진 달력이라 이렇게 불린다. 그 이전에 사용해 왔던 율리우스력의 오차를 수정해서 만든 것으로, 주된 목적은 부활절 날짜를 수정하기 위해서였다. 이듬해인 1583년 3월 21일을 춘분으로 만들기 위해서 1582년 10월 5일에, 10일을 더해서 15일로 바꾸어 버렸다. 즉 1582년 10월 5일이 15일로 바뀐 것이다.

　　　　1582년 10월 15일
　　　　　　↑ (변경)　　　　　　　　1583년 3월 21일
　　　　1582년 10월 5일　　　　　　　　춘분일

　　율리우스력은 율리우스 카이사르에 의해 제정된 태양력으로, BC 45년의 한 해의 총 날수를 365¼일로 정했다. 그해 첫날을 1월 첫 번째 날부터 시작, 춘분을 3월 23일로, 2월은 윤달을 두어서 매년 춘분일이 동일하도록 만들었다. 율리우스력이 128년에 하루의 차이가 나는 것에 비해서, 그레고리력은 약 3,000년에 하루 차이가 날 정도로 정확하다.

　　로마 제국이 사용했던 달력들 중에서 현존하는 가장 오래된 것은 안티움 달력(Antium calendar)이다. 안티움은 로마에서 남쪽으로 약 50km 떨어진 도시로, 이곳에서 발견되었기에 안티움 달력이라 명명되었다.[28] 이 달력은 BC 84-55에 만들어졌는데 1.16x2.5m의 제법 큰 규격이다. 이 달력은, 안티움 광장 중앙 벽 하얀색 배경에 빨간색과 검정색의 글자들이 정교하게 깎여 새겨져 있어서, 당시 시민들은 누구든지 달력을 볼 수 있도록 제작되었다.

　　이 중 4개월(3, 5, 7, 10월)은 31일, 7개월(1, 4, 6, 8, 9, 11, 12월)은 29일, 1개월(2월)은 28일로, 1년은 총 355일로 이루어져 있다. 마지막 달은 윤달로, 총 27일 혹은 28일로 이루어졌는데 매년 2년마다 추가되어 13번째 달이 된다. 윤달이 있는 해의 2월은 23일로 줄어들게 되며, 나머지 5일은 윤달에 더해진다.[29]

AD 238년 로마의 문법학자 켄소리누스(Censorinus)의 지적에서처럼,[30] 율리우스력 이전의 달력은 음력인 공공 달력과 태양력을 일치시키기 위해 시도했지만, 실제로는 날 수에 있어서 차이가 난다. 로마의 음력 4년 주기는 총 1,465일(355+378+355+377일), 태양력의 4년 총 1,461일에 비해 4일이 더 많은데 결국 매 4년마다 4일을 조절해야 했다.[31]

안티움 달력의 가장 큰 특징은 주-8일 달력이라는 점이다. 아래 사진에서 보듯이, A-B-C-D-E-F-G-H가 반복된다. 이는 주-8일을 가리키는 것이며, 8일째 되는 날은 시장이 서는 날이었다. 달의 위상(位相)에서, 첫 번째 날은 라틴어로 kalendae라고 부르는데 영어 calendar는 여기서 유래했다. 달의 다섯 번째 날은(31일이 있는 달의 경우에는, 일곱 번째 날) nonae, 열세 번째 날은(31일이 있는 달은 15th 날) idus라 각각 불렀다.

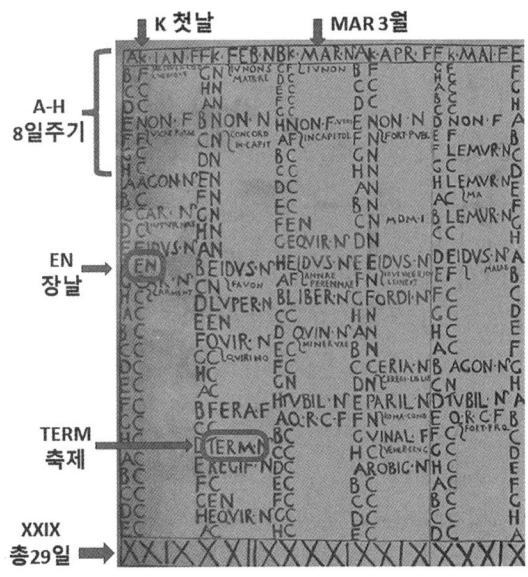

[자료 1. 안티움 달력][32]

각 달의 명칭은 라틴어 축약형으로 표시되는데, 차례로 IAN(Ianuarius), FEB(Februarius), MAR(Martius), APR(Aprilis), MAI(Maius), IVN(Iunius), QVI(Quintilis = Iulius), SEX(Sextilis = Augustus), SEP(September), OCT(October), NOV(November), DEC(December), 그리고 마지막은 INTER(Intercalaris)로 각각 나타난다. 현재 우리가 사용하는 달의 영어 명칭 역시, 라틴어 명칭에 기원했음을 알 수 있다.

달력에 보면 날(A-H) 오른쪽에 F, C, N, NP이라는 표시가 눈에 들어온다. 각각의 뜻은, F(fastus)는 법정이 서는 날들, C(comitialis)는 공공 모임이 있는 날들, N(nefastus)는 법정이 서지 않는 날들을 가리킨다. NP(nefastus publicus)는 법정과 공공의 모임이 없는 날들로 이 날에는 보통 아주 큰 공공 축제가 있는 날들이다. EN(endotercisus) 역시 시장이 서는 날을 가리킨다.

안티움 달력에서 공공 축제(public festivals)는 라틴어 대문자의 축약형으로 표시되는데, 한 예로 2월의 TERMI는 경계의 신 테르미누스(Terminus)를 위한 축제가 열리는 날이다. 이날에는 희생 제사가 로마의 경계석이 놓인 장소에서 이루어졌다. 농작지 사이에 새로운 경계석을 세울 때마다 테르미누스 신에게 제사를 지내는데, 경계석을 놓을 구덩이에 희생 제물을 재와 함께 넣는다. 디오클레티아누스 황제가 303년 기독교를 핍박하는 첫 번째 칙령을 내릴 때, 그 결정의 이면에는 제사장 디디마(Didyma)의 신탁이 작용을 했는데, 공교롭게도 그 날은 테르미날리아(Terminalia) 축제일이었다.[33]

로마 제국에 주-7일 달력이 수용된 때는 아우구스투스(Augustus, BC 27 - AD 14) 황제 때였다.[34] 한 예로, 그의 재위 기간에 제정된 사비니인의 달력(fasti Sabini)으로 주-7일 주기와 주-8일 주기가 병행되어 나타난다. 아래 비문에서 보듯이, 첫 번째 칸에는 A-G의 7일 주기, 두 번째 칸에는 A-H의 8일 주기가 반복되어 나타나는데 당시 두 개의 달력을 병행해서 사용했음을 알 수 있다.[35]

[자료 2. 사비니인의 달력][36]

비록 주-7일 달력이 소개되었지만, 종교 중심의 축제가 중시된 로마 사회에서 공공의 목적으로 사용된 것은 주-8일 달력의 체계로 보아야 한다. AD 6-9년에 제작된 것으로 로마 남동쪽에 위치한 프라이네스테(Praeneste)에서 발견된 달력 역시 A-H의 주-8일 주기로 되어 있다. 4월의 경우 무려 2/3의 날수가 유희(games) 혹은 신들과 관련된 축제일로 구성되어 있다.[37]

종합해서 말하면, 콘스탄티누스 대제 이전 로마 제국에서 공식적으로 사용된 달력은 주-8일 달력이었다. 8번째 날에는 장이 섰고, 이날에 학교는 문을 닫았고, 공중 모임이나 법정조차 열리지 않았다. 초대 교회 성도들은 이런 시간 체계 가운데서도 동시에 주-7일 달력의 주일을 지켜갔다. 마치 오늘날의 네팔 사람들이 그레고리력을 사용하면서 동시에 BC 56년을 시작으로 하는 비끄럼력을, 무슬림들이 AD 622년을 원년으로 하는 이슬람력(히즈라력)을 사용하는 것과 동일하다. 참고로, 지금의 주일이 쉬는 날로 확정된 것은 321년으로 콘스탄티누스 황제에 의해서였다.

한국 교회 초기 문헌 중에 『성교촬리』(聖敎撮理)라는 짧은 10면 분량의 작품이 있다. 1890년에 발행된 것으로 마지막 페이지는 서양식 달력을 넣어 주일 개념을 가르치고 있는데, 주일(작품에는 안식일로 표현됨)은 예배당에 있어 도를 듣고 마음을 기르고 하나님을 찬송하고 세상일과 다른 공부를 그치고 성경을 읽고 기도하며 찬미하는 날로 규정하고 있다. 쉬는 날이 아니었던 시절 주일 예배를 지켜갔던 초대 교회 성도들, 주일 개념이 없었던 시절 주일을 성수 했던 한국 교회 초기 성도들, 이들의 신앙과 헌신은 오늘날의 성도에게도 큰 도전으로 다가온다.

04

초대 교회 성도들은 예배와 모임 때 어떤 책들을 읽었을까?

　유대인들은 토라에 기록되지 못하고 구전되어 오던 랍비의 가르침을 집대성했는데, 이것이 『미쉬나』라는 문헌으로 AD 220년경의 일이다. 이 책에 따르면, 성인 유대인 열 명이 참석하지 않았을 때 행할 수 없었던 다섯 가지가 있었다.[38] 곧, 쉐마의 낭독,[39] 테필파(Tefillah)의 낭독,[40] 제사장적 기도, 토라 읽기, 그리고 선지서 읽기가 그것이다. 이 중에서 토라와 선지서 읽기와 관련해, 바벨론 탈무드에서는 전체 오경이 1년에 걸쳐 연속적으로 읽혀졌다고 기록하고 있는 반면, 예루살렘 탈무드에서는 3년을 주기로 해서 토라와 선지서의 성구집(lection)이 읽혀졌다고 기록한다.
　정리해 보면, 1세기 유대인들의 경전 읽기는 크게 두 가지 형태로 이루어졌다. 하나는 토라를 읽는 것이고 다른 하나는 선지서를 읽는 것으로 토라 읽기에 추가되었던 것이다. 이스라엘 땅에서는 3-3.5년을 주기로 읽혀졌던 반면, 바벨론 지역에서는 1년 주기로 읽혀졌다고 볼 수 있고, 이렇게 행한 시기는 아마도 AD 2세기 이후로 보인다.

초대 기독교인들 역시 예배 모임에서 경전을 순차대로 읽어 나갔는데, 유대교의 전통에 따른 것이었다. 순교자 유스티누스의 『제1 변증서』 67장에 보면, 주일 예배에서 사도들의 글과 선지자들의 글이 시간이 허락되는 데까지 읽혀졌다고 기록한다. 복음서와 구약 선지서가 순차적으로 읽혀졌음을 암시하는 대목이다. 복음서는 "사도들의 회고록"(Memoirs of the Apostles)라 불리기도 했는데,[41] 당시 『소크라테스의 회고록』(Memoris of Socrates)에 익숙했던 헬라-로마인들에게 친숙하게 들려졌을 것이다.

바울이 디모데에게 전념하라며 당부했던 것 중에서 '읽는 것'(딤전 4:13)이 있었다. 디모데 개인의 성경 읽기가 아니라 공모임에서의 성경 읽기를 지칭하는 것으로, 순차적인 읽기로 볼 수 있다.

초대 기독교 공동체 가운데 읽혀졌던 책들은 첫 3세기 동안 다양하게 발전해 갔다.[42] 먼저 1세기에 어떤 책들이 읽혀졌는지 살펴보자. 예루살렘 공의회 결과 작성된 한 통의 편지를 들 수 있다. 이 서신은 현존하지 않아서 그 내용을 정확히 알 수 없지만, 공회의에서 결정된 사항이 주 내용임에는 틀림없을 것이다. AD 50-52년 사이 기록된 이 서신은 안디옥 교회에 전해졌고(행 15:30-31), 안디옥 교회 신자들이 모인 가운데 공개적으로 읽혀졌음이 분명하다. 알렉산드리아의 클레멘트는 이 서신을 "모든 사도들의 의해 (작성된) 보편적 서신"이라 부르며 사도 바울 자신이 직접 모든 신자에게 전달했다고 기록한다.[43]

바울의 서신들 또한 읽혀졌는데, 그의 서신들은 지역 교회 모든 신자들에게 회람되었기에, 회람 서신(circular letter)이라 부른다. 데살로니가 교회에 보내는 서신에서는 "모든 형제에게 이 편지를 읽어 주라"(살전 5:27)고 말하며, 빌레몬에게 쓴 서신에서는 빌레몬 자신과 그 가정 교회뿐만 아니라 압비아와 아킵보(몬 1:1-2)도 수신자에 포함시키고 있다. 또한 일부 서신들은 지역 교회 내에서 뿐만 아니라 다른 지역에서도 읽혀졌는데, 한 예로, 바울은 골로새 교회에 보내는 서신을 라오디게아 교회에도 전달해서 읽게 하고, 또한 라오디게아에게 보낸 서신도 골로새 교회에서 읽으라고 권했다(골 4:16).

또한 1세기의 교회에서는 사복음서와 구약의 선지서 역시 읽혀진 것으로 보이는데, 구약에서 예언된 그리스도가 곧 복음서의 예수라는 사실을 가르치기 위해서라고 볼 수 있다.[44] 요한계시록의 경우, 알킨(Alkin)은 드 종(de Jonge)의 114년 저작설을 근거해 2세기 기독교 공동체에서 읽혀졌다고 말한다.[45] 하지만, 초기 저작설을 따른다면 요한계시록은 1세기 목록에 포함될 수 있다.

그렇다면, 2세기 신자들의 모임에서는 어떤 책들이 읽혀졌을까? 우선, 신약의 책 목록을 담고 있는 가장 오래된 문서로, 190년경 기록된『무라토리 정경』(Canon Muratori)의 목록을 보자. 무라토리 단편(Muratorian Fragment)으로도 알려진 이 문헌은, 1740년 이탈리아 밀란의 암브로스 도서관에서 무라토리(Ludovico Antonio Muratori)에 의해 발견되었는데 그 이름을 따라서 명명되었다. 367년에 기록된 아타나시우스의 부활절 서신은 신약 27권의 목록을 모두 언급하고 있는 최초의 문서인데, 그 이전에 신약 성경 목록을 담은 가장 오래된 문헌이 바로 이『무라토리 정경』이다.

이 문헌에 보면, 정경에 포함되지 않은 책으로 히브리서, 야고보서, 베드로전서, 베드로후서, 그리고 요한서신들 중 하나를 지목한다. 아마도 이 다섯 권의 책은 2세기 모든 교회들에서 읽혀지지 않은 것 같다. 유세비우스 역시 정경과 관련해 논쟁 가운데 있는 것으로 야고보서, 유다서, 베드로후서, 요한2서, 요한3서를 언급한다. 하지만 이런 논쟁에도 불구하고 많은 교회에서 읽혀졌다고 서술한다.[46]

『무라토리 정경』에 보면, 『솔로몬 지혜서』와 『베드로 계시록』 역시 교회에서 읽혀졌고, 후자의 경우 일부 교회에서는 거절되었다고 한다. 『무라토리 정경』에는 교회에서 읽혀져서는 안 되는 금서들도 열거하는데, 발렌티누스의 글, 밀티아데스의 글, 마르키온을 위해 기록된 시편의 글, 바실레이데스와 카타브리기안파의 창시자의 글 등이 그것이다. 이들 초대 교회 이단들 중에서, 몬타누스파인 카타브리기안파를 제외한 모든 사람은 영지주의 학파에 속한다. 이집트 출신인 발렌티누스는 영지주의(Gnosticism) 사상을 따르는 한 주요 학파를 창설한 인물이기도 한데, 한때 로마 교회의 감독직까지 얻으려 했다. 나그함마디 문서 중에, 발렌티누스의 학파의 것으로는 『사도 바울의 기도』, 『빌립복음』, 『야고보 계시록』 등 총 여덟 개의 작품이 발견된다.[47]

헤르마스의 『목양자』 역시 일부 교회에서 인정을 받지 못해 논쟁 가운데 있었던 책이다.[48] 헤르마스는, 바울이 로마서 16장 14절에서 안부를 전했던 "허마"(Hermas)와 동일 인물로 보인다. 이 작품은 1세기 말 혹은 2세기 초에 기록되었는데, 요한계시록과 같이 묵시록적 구조를 가진 권면서(παραίνεσις, paraenesis)이다. 그 내용에 있어 세 부분으로 구분되는데, 다섯 개의 환상(visiones), 열두 개의 명령(mandata), 그리고 10개의 비유(similitudines)로 이루어져 있다.

2세기 교회 모임에서는 속사도 교부들의 글 또한 읽혀졌다. 고린도 교회의 감독 디오니시우스가 로마의 감독 소테르에게 보낸 서신에 보면, 고린도 교회 주일 예배 때 『클레멘트 1서』가 자주 읽혀져 왔다고 말하고 있다.⁴⁹ 빌립보 교회에 보낸 폴리갑의 서신에서는, 익나티우스의 서신들은 빌립보 교회 공적 예배 모임에서 읽혀졌다고 기록한다.⁵⁰ 『디다케』와 『바나바 서신』 역시 읽혀졌다.⁵¹ 이 중 『디다케』는 2세기 초에 기록된 것으로 그 원제는 『열두 사도의 가르침』(Διδαχή των Δώδεκα Αποστόλων)으로, 시리아와 팔레스틴 지방에서 사용되었던 교회 규범집이다.⁵²

순교자들의 행적 또한 기독교인들의 모임에서 읽혀진 것으로 보인다. 155/6년경에 기록된 『폴리갑의 순교기』가 그 첫 번째 사례다. "나는 그분을 86년 동안 섬겼습니다. 그분은 나에게 어떠한 해도 끼친 적이 없으십니다. 그런데, 어떻게 내가 나의 왕이시며 나의 구원자를 모독할 수 있단 말입니까?"라는 총독 앞에서의 폴리갑의 신앙고백은 잘 알려진 내용이다.⁵³ 순교 후 그의 뼈는 모아져 보관되었는데, 초대 교회가 순교자의 유물을 보관했다는 점을 보여주는 최초의 문헌적 증거이기도 하다. 매년마다 그의 순교의 날은 기념되었고 이때 그의 순교기가 읽혀졌을 것이다. 비록 알킨이라는 학자는 3세기부터 순교자 기념일에 성경 봉독이 이루어졌다고 주장하지만,⁵⁴ 폴리갑의 경우를 보면 2세기 후반에 이미 읽혀진 관행으로 보인다.

참고로, 순교자의 행적이 교회 예배에서 읽혀져야 한다는 최초의 공식적인 결정은 393년 10월 히포 회의(Council of Hippo)에서 이루어졌다.⁵⁵ 397년 카르타고 회의 36항에서는, 정경에 속한 책명을 열거한 후 "순교자의 수난기"(passiones martyrum)는 이들이 순교한 날을 기념할 때 읽혀져야 한다고 규정하고 있다.⁵⁶

3세기에 와서 달라진 점은 몇 가지 부류의 책들이 낭독 시간에 더해졌다는 것, 그리고 단순히 주일뿐만 아니라 세례식, 순교자 기념일, 부활절과 같은 다른 절기들에서도 성경 봉독이 이루어졌다는 점이다. 3세기 때 읽혀진 책들 중에서, 2세기의 것을 제외한 목록들은 다음과 같다. 구약 성경에서는 모세 오경, 구약의 역사서, 시편이 더해졌고, 외경 중에 『베드로복음』은 처음에는 허용되었으나 나중에는 금지되었다.[57] 사복음서를 종합한 타티안의 『디아테사론』은 시리아 교회에서 5세기까지 읽혀졌다.

순교기로는 『페르페투아와 펠리키타스 순교기』도 읽혀졌던 것으로 보인다. 203년에 순교한 스물 두 살의 페르페투아와 그의 여종인 펠리키타스의 이야기를 다룬 작품으로, 북아프리카의 초기 기독교 역사와 특히 북아프리카 몬타누스파 초기 운동을 보여주는 소중한 문헌이기도 하다.

호주의 고대사학자이자 초기 기독교 연구가인 에드윈 저지(Edwin Judge)는 초대 교회 공동체를 "scholastic communities"라고 불렀는데 '학문 공동체', 혹은 '배움의 공동체'로 번역할 수 있다.[58] 그는, 초기 그리스도인들은 어떤 활동을 하는 공동체로서 존재했느냐는 질문에, 당시 종교 의식에 치중했던 헬라-로마 종교와는 달리 바울 공동체는 배우는 것에 중요성을 두었다는 점을 강조했다. 스미스(Smith) 역시, 고린도전서와 목회 서신에 사용된 가르침과 관련된 언어학적 연구를 통해 저지의 주장, 즉 바울 공동체는 배움의 공동체였음을 재확인하기도 했다.[59]

	1세기	2세기	3세기
인정	예루살렘 공의회 서신 바울 서신 요한계시록 사복음서 구약 선지서	*1세기 책들 포함 유다서 요한2서 요한3서 『솔로몬 지혜서』 『클레멘트 1서』 익나티우스의 서신들 『디다케』 『바나바 서신』 『폴리갑의 순교기』	*1, 2세기 책들 포함 모세 오경 구약의 역사서 시편 『디아테사론』 (*5세기까지 읽혀짐) 『페르페투아와 펠리키타스 순교기』
일부 인정	--	『베드로 계시록』 헤르마스의 『목양자』 야고보서 (『무라토리 정경』에 없음) 베드로후서 (『무라토리 정경』에 없음)	--
거절	--	발렌티누스의 글 밀티아데스의 글 마르키온을 위해 기록된 시편의 글 바실레이데스의 글 카타브리기안파의 글	『베드로 복음』 (*처음에는 허용, 이후 금지)

[도표 4. 첫 3세기 기독 공동체에서 읽혀진 책들]

05

헬라-로마 사회의 공공 읽기와 기독 공동체에서의 성경 낭독

바울은 디모데에게 "읽는 것과 권하는 것과 가르치는 것"에 전념할 것을 권고한 적이 있다(딤전 4:13). 여기서 "읽는 것"(τῇ ἀναγνώσει)이란 디모데 자신의 개인적인 성경 읽기가 아니라, 공 예배 모임에서 대표로 성경을 읽는 것을 말한다. 그래서 ESV, NIV, NASB, RSV와 같은 영어 성경에서도 "the public reading of Scripture"로 번역하고 있다.[60] 즉, 공공 모임에서 큰 소리로 읽는 것으로, 오늘날 예배 시간의 성경 봉독으로 이해할 수 있다.

사도 요한은 자신이 받은 예언의 말씀을 읽고, 듣고, 지키는 자에게 복이 있다고 강조한 바 있는데(계 1:3), 여기서 "읽는 자"(ὁ ἀναγινώσκων) 역시 앞서 언급한 동일한 의미를 가진 헬라어이다. 한글 성경에는 단순히 "읽는 자"라고 번역하지만, 역시 큰 소리를 내어서 읽는 것을 뜻하는 것이므로 영어 성경(ESV, NIV, RSV)에서는 "read aloud"로 번역한다.

초기 기독교 공동체에서의 성경 읽기는 당시 헬라-로마 사회 공공 모임에서 행해진 관행에서 이해될 수 있다. 헬라-로마인들의 공공 낭독(public reading)은 크게 세 가지 형태로 구분될 수 있는데, 독서 모임에서의 낭독, 저녁 연회에서의 낭독, 그리고 공공 모임에서의 암송(public recitals)이 그것이다.[61]

첫 번째 형태인 독서 모임의 경우, 한 사람이 문학에 관심 있는 사람들을 자신의 집에 초대해 이루어졌다. 모임에 참여한 인원은 소수였다. 주인이 직접 책을 낭독할 수도 있고, 아니면 독경사가 읽을 수도 있다. 낭독이 끝나면, 토론이 이어지는데 이때 초대된 사람들은 책의 내용에 대해 여러 조언을 주고받기도 했다.

두 번째 형태인 저녁 연회에서의 낭독은 참석한 자들에게 하나의 볼거리로 제공이 되었는데, 이 점에서 처음 형태와는 달랐다. 비교적 부유한 사람이 이런 연회를 개최했지만, 꼭 그렇지 않더라도 문학에 관심 있는 사람 역시 이런 연회를 열기도 했다. 낭독은 연회가 끝난 후에 이루어졌다. 이것은 초기 기독 공동체와의 순서와 비교되는데, 교회는 성경 낭독이 포함된 말씀의 예배를 먼저 가진 후에 성만찬을 가졌다는 점이다.

연회에서 소리 내어 글을 읽는 사람은 대부분의 경우 글을 읽고 쓸 줄 아는 노예의 몫이었다. 이들 노예를 라틴어로 렉토르(lector), 헬라어로 아나그노스테스(ἀναγνώστης)라 각각 불렀다. 바로 이 용어가 초대 교회 한 직책인 독경사를 칭하는 명칭으로 사용되었다.

세 번째 형태는 공공 모임에서 책을 단순히 낭독하는 것이 아니라 암송하는 것이었다. 저자 자신이 암송하기도 했고 독경사가 암송하기도 했다.

공공 모임에서의 암송은 강의 홀, 극장, 혹은 개인의 가정 등 다양한 장소에서 이루어졌는데, 심지어 공중목욕탕에서도 행해졌다. AD 2세기 로마의 일부 공중목욕탕에는 실제 도서관이 있었는데 아마 이곳에서 낭송회가 개최되었던 것으로 보인다.[62]

헬라-로마 사회에서 독경사를 둔 이유를 여러 가지로 생각해 볼 수 있다. 크게 소리를 내어 읽는 것은 당시 고대 사회 교육의 한 부분이기도 했고, 필사본이 많지 않았기에 책을 소유하는 것이 쉽지 않았던 이유도 들 수 있다. 또한 당시 높은 문맹률을 들 수 있는데 헬라-로마 시대 문맹자(*illitteratus*)의 비율을 대략 90% 이상으로 산정한다. 소수의 사람만 글을 읽을 수 있었기에 독경사가 필요했던 것이다. 기독 공동체에서도 이와 비슷한 이유로 독경사가 필요했을 것이다.

그렇다면, 초대 교회 기독교인들 중 글을 읽고 쓸 줄 아는 사람은 얼마나 되었을까? 이에 대해 홉킨스(Hopkins)는 흥미로운 이론을 제시한다. 그는, AD 100년의 기독교인 수를 7,000명으로 잡고, 1세기에서 2세기로 바뀌는 시점 로마 제국 전체에 흩어져 있는 교회 공동체 가운데 유창하고 숙련되게 글을 읽고 쓸 줄 아는 그리스도인을 고작 42명으로 주장한다.[63]

여기서 7,000명이라는 숫자는 미국의 사회학자 로드니 스탁(Rodney Stark)의 연구에 기인한 것이다. 스탁은 콘스탄틴 시대 기독교인의 인구를 로마 제국 전체 인구의 10%가 되었다는 전제하에, 기독교는 대략 매 10년마다 40% 정도의 비율로 성장했다고 가정했다. 아래의 표와 같이, AD 300년의 로마 제국 전체 인구를 6천만 명이라고 가정하고, 기독교인의 수는 AD 40년에는 1,000명(0.0017%), 100년에는 7,530명(0.0126%), 300년에는 약 6,300,000명(10.5%)으로 각각 산정한 것이다.[64]

연도	기독교인의 수	비율(%) *로마 전체 인구 6천만
40	1,000	0.0017
50	1,400	0.0023
100	7,530	0.0126
150	40,496	0.07
200	217,795	0.36
250	1,171,356	1.9
300	6,299,832	10.5
350	33,882,008	56.5

[도표 5. 로드니 스탁의 초기 기독교인 수 산정]

하지만, 사도행전에 언급된 기독교 신자들과 개종자의 수, 즉 120명 (1:15), 3,000명(2:41), 5,000명(4:4), 수만 명(21:20)을 고려한다면 그의 이론은 설득력이 떨어진다. 스탁의 이론에도 문제가 있지만, AD 100년 기독교인의 식자율을 아주 낮게 42명으로 산정한 것에도 쉽게 받아들일 수 없다. 사실 홉킨스는 기독교인들의 식자율이 로마 사회의 식자율보다 낮다라는 전제하에서 이 같은 주장을 펼쳤다.

하지만, 1세기 기독교인들의 상당수가 유대인 출신이었다는 점, 교육을 받은 식자층이 기독교로 개종했다는 점, 그리고 1세기 후반 2세기 초 기록되었던 많은 기독교 문서들, 예를 들면 요한계시록, 고린도 교회에 보낸 클레멘트의 서신, 허마의 『목양자』, 『도마복음』, 익나티우스의 서신들을 볼 때, 기독교 식자율의 비율은 훨씬 더 높았다고 보아야 한다.[65]

기독 공동체에서의 성경 낭독과 헬라-로마 사회의 공공 낭독을 비교할 때, 가장 큰 차이점은 참여하는 구성원의 신분에 있었다고 볼 수 있다. 후자의 경우, 참여자는 주로 상류 계층의 사람이거나 기초적인 읽기와 쓰기, 문법 교육을 받은 사람이어야 했다. 이에 반하여 기독 공동체의 성경 낭독에 참여한 자들은 배우지 못한 자들, 대표적인 사회적 약자인 노예들과 어린이들도 포함되어 있었다.

테르툴리아누스는 자신의 『변증서』에서, 신자들은 하나님의 책들을 읽기 위한 목적으로 모인다고 기록한다. 그러면서, 신자들은 어떤 좋지 않은 상황에서도 이 거룩한 말씀으로 믿음의 양식을 삼고, 소망을 가진다고 고백한다.[66] 문학에 대한 관심과 즐거움을 위해서 공공 낭독에 참여한 헬라-로마인들과는 달리, 초대 교회 성도들은 어떠한 순간에도 더 나은 행복한 삶을 위해 성경 낭독에 참여했으니, 그 동기에 있어서 큰 차이가 있었음을 알 수 있다.

06

독경사는 어떤 직책이었을까?

303년 2월 23일은 소위 '대핍박'(the Great Persecution)이 시작된 날이다. 디오클레티아누스 황제가 내린 반-기독교 칙령으로, 교회 건물은 파괴되고 교회의 재산은 압수당했다. 상류 계층 기독교인들이 가진 사회적, 법적 권리와 특권은 빼앗겼고, 자유민 신분으로 황실에서 일하던 기독교인들의 신분은 자유민에서 다시 노예로 내려갔다.

칙령 중에는 성경책을 소각하라는 조항도 있었다. 이에 따라 로마 제국 전역에서 성경책을 비롯한 기독교 서적들이 압수당해 불태워졌다. 이레네(Irene)라는 한 여 신자는 성경 사본과 기독교 내용이 기록된 양피지 문서를 숨긴 것으로 인해 붙잡혀 발가벗긴 채 매음굴에 갇혔고, 결국 화형당했다. 티뷔카(Tibiuca)의 감독 펠릭스(Felix)는 성경 내어주기를 거절해 결국 순교를 당했다.[67]

북아프리카 키르타(Cirta) 지역에서는 로마 군인들이 신자들의 집을 수색해 일곱 명의 집사, 부집사(subdeacon) 집에서 성경책을 포함해 총 37권의 기독교 서적을 압수했다. 이들은 독경사의 직책을 맡은 집사들이었다. 이들 집사들이 성경책을 집에 보관했던 이유는 미리 읽기 연습을 하기 위해서였는데, 당시 성경 사본들은 감독 외에도 독경사들이 보관했던 것을 알 수 있다.

그렇다면, 독경사라는 직책이 제정된 때는 언제였을까? 결론부터 말하면 2세기에서 3세기로 넘어갈 때로 볼 수 있다. 그 이전까지 교회는 성도들 중에서 성경 봉독에 적합한 자를 임의로 선택했던 것으로 보인다. 가령, 『클레멘트 2서』 19.1에서는 단순히 신자들 가운데 성경책을 소리 내어 읽는 자를 가리키는 것으로 언급된다. 유스티누스의 『제1 변증서』 67장에서도, 단순히 성경을 봉독하는 자를 언급하면서, 이들의 성경 읽기가 끝나면 감독의 권고가 이어진다고 기록한다.

하지만 3세기로 접어들면서, 성경 읽는 자는 교회 내의 하나의 직책으로 그 명칭이 분명하게 언급된다. 그 첫 문헌으로 테르툴리아누스의 『이단들에 대한 처방론』을 들 수 있다. 약 200년경에 기록된 이 작품에서, 그는 아무런 기준과 질서, 훈련 없이 직분자를 임명하는 이단들을 비판했다. 오늘 어떤 한 사람이 그들의 감독이 되었다면 내일은 또 다른 사람이 되고, 오늘 장로였던 사람이 내일은 평신도가 되고, 오늘 집사였던 자는 내일은 독경사가 되어 임명된다는 것이다.[68] 당시 북아프리카 교회에는 독경사라는 구체적인 직분이 있었음을 알 수 있다.

230년경 북 시리아 지방에서 기록된 『사도들의 가르침』을 보자. 총 26장으로 구성된 이 초대 교회 규정집은 『디다케』에 근거하고 있는데, 헌금과 관련해 감독을 비롯해 여러 직분이 언급되는데, 이 가운데는 독경사도 포함이 된다.[69] 『사도적 전통』에서도 독경사 직책이 언급되는데, 임명이 될 때 그에게 성경책이 주어진다고 말한다.[70]

그렇다면, 초대 교회에서 독경사는 어떻게 세워졌을까? AD 215년 경 기록된 로마의 감독 히폴리투스의 『사도적 전통』에 따르면, 독경사는 성직 수임을 통해 세워지는 것이 아니라 감독에 의해 임명된다고 설명한다.[71] 이와 비슷하게 3세기 말, 이집트에서 기록된 것으로 보이는 『사도적 교회 규정』에서도 독경사는 면밀히 검증을 거친 뒤 임명이 되어야 한다고 말하고 있다.[72] 375-380년경 시리아 지방 안디옥에서 기록된 『사도적 헌법』에서는 단순히 기도와 안수를 통해서 독경사로 임직받는다고 기록하고 있다.[73]

초대 교회는 독경사를 세울 때 매우 신중했었다. 키프리아누스 서신 (29.2)은 이 점을 명확하게 보여주는데, 독경사로 옵타투스(Optatus)가 임명되었을 때 임명하기 전에 그가 과연 성직자의 직무에 적합한 자격을 가졌는지 그렇지 않은지를 검토했다고 말하고 있다. 342년 세르디카 (Serdica) 회의 제13항에서는, 사회적으로 덕망과 권위가 있는 자가 감독직에 추천이 될 경우, 그를 바로 감독으로 세워서는 안 된다고 규정한다. 독경사-집사-장로의 직을 순차적으로 거쳐야만 했고, 각각의 단계에서도 직분에 합당한 신자의 삶의 검증을 거쳐야만 했다. 교회의 여러 직분에 있어서 독경사가 그 시작에 있었음을 보여준다.

385년 로마의 감독 시리키우스가 스페인 타라고나(Tarragona)의 감독 히메리우스(Himerius)에게 보낸 서신에서도 이 점은 역시 언급된다. 태아 때부터 성직자로 서약을 한 자가 가장 먼저 받아야 하는 직책을 독경사라고 말한다.[74] 그러면서 이 직분을 맡기 위한 조건으로 신자로서의 합당한 삶을 제시했다.

리용의 감독 이레나이우스는 이교도들을 반박하는 내용에서, 이들은 단어의 전치(transposition of words)를 제대로 사용하지 못해 바울 서신도 제대로 읽지 못한다고 지적한 바 있다.[75] 그의 지적에는, 교회의 독경사는 이단들과 달리 그 자질에 있어서 충분한 자격을 갖추고 있었다는 점을 시사한다.

3/5세기에 활동했던 기독교 시인 코모디아누스(Commodianus)는 독경사를 일컬어 교회의 "꽃"(flowers)이며 "그리스도의 등불"(Christ's lanterns)이라고 묘사하기도 했다.[76] 이런 표현처럼 초대 교회 독경사의 직분은 고귀한 것이었으며 이들의 성경 봉독은 중요한 책무였다.

07

거룩한 입맞춤은
예배의 한 의식(ritual)이었는가?

　현대 사회에서처럼, 고대 헬라-로마 사회에서도 입맞춤은 가족, 연인, 혹은 동료 등 다양한 관계에서 인사, 애정, 존경, 우정, 사랑 등 다양한 이유로 행해졌다. 가령, 바울이 에베소 교회 장로들과 헤어지면서 권면할 때 장로들은 바울을 위해 기도한 후 그의 목을 끌어안고 입을 맞춘 적이 있는데(행 20:37), 헤어질 때의 입맞춤이라 볼 수 있다. 문안 인사로서 행해진 입맞춤은 바울의 여러 서신에서 발견된다. 로마, 고린도, 데살로니가 교회에 보내는 각각의 서신 마지막 부분(롬 16:16; 고전 16:20; 고후 13:11; 살전 5:26)에 보면, "거룩한 입맞춤"(φίλημα ἅγιος)으로 서로 문안하라고 말하고 있다. 베드로 역시 그의 서신에서 입맞춤으로 문안할 것을 권면하는데, 바울의 표현과는 달리 "사랑의 입맞춤"(φίλημα ἀγάπη)이라 부른다(벧전 5:14).

입맞춤이라는 단어 앞에 붙은 '거룩' 혹은 '사랑'이라는 수식어는 교회에서의 입맞춤의 성격을 보여준다. 즉, 그 동기와 태도는 거룩함과 희생적인 사랑이 바탕이 되어야 함을 강조한 것이다. 또한 단순히 신자들 간의 문안 인사라기보다는, 관계에 있어 어떤 적대감을 없애고 그리스도의 한 몸으로서의 하나 됨을 지켜가라는 당부로 여겨진다. 이런 점들은 교회에서의 입맞춤이 당시 헬라-로마 사회의 입맞춤과는 그 의미에 있어서 확연히 달랐다는 것을 시사한다.

고대 라틴 문학에서 입맞춤을 칭하는 용어로 세 가지 단어가 사용되는데, 바시움(*basium*), 오스쿨룸(*osculum*), 수아비움(*suavium, or savium*)이 그것이다. 여기서 수아비움은 성적인 사랑에서의 입맞춤을 칭하는 반면, 나머지 두 단어는 가족, 혹은 동료 등 비이성 간 사랑의 관계에서의 입맞춤을 일컬을 때 사용된다.[77] 반면, 초기 기독교 문헌에서는 신자들 간의 입맞춤을 일컬을 때 수아비움이나 바시움은 사용하지 않고, 오직 오스쿨룸만 사용된다.[78] 신자들 간 입맞춤은 비성적인 의미에서 행하는 것임을 강조한 이유에서다.

신자들 간의 입맞춤은 단순한 문안 인사 차원을 넘어 예배에서 하나의 의식적 행사(ritual act)로 발전하게 되는데, 이를 언급한 최초의 문헌은 순교자 유스티누스의 것이다. 150년경에 기록된 그의 『제1 변증서』 65장에 보면, 세례 입문자가 세례를 받고 난 후에 신자들이 모인 곳으로 이동하게 된다. 이때 모두 기도를 하고, 기도를 마친 후 신자들은 서로서로 입맞춤으로 인사를 한다고 기록한다. 그 후에 성찬식이 진행되는데, 입맞춤은 세례식과 성찬식 사이에 행해졌던 의식임을 알 수 있다. 키프리아누스 역시 이와 비슷하게, 성만찬을 나누기 전에 거룩한 입맞춤이 행해진다고 진술한다.[79]

『사도적 전통』에서는 입맞춤의 순서가 조금 더 일찍 나타난다. 세례 준비자들에 대한 교훈이 마쳤을 때, 이들은 신자들과는 떨어져서 스스로 기도하는 시간을 갖게 된다. 그리고 난 후 신자이든 세례 준비자이든 상관없이 모든 여인은 한 방에서 따로 기도하는 시간을 갖는다. 입맞춤의 시간은 바로 이 기도 시간이 끝났을 때 주어지는데, 세례 준비자는 참여할 수 없고 오직 신자들만이 입맞춤을 통해 서로서로 문안하게 된다.[80] 이때의 입맞춤은 바울이나 베드로가 언급한 단순한 인사 차원에서의 입맞춤이 아니었다.

초대 교회 신자들은 이 입맞춤을 '화평의 입맞춤'(osculum pacis), 혹은 '화평'(pax)이라 불렀다. 이 점은 여러 문헌에서 쉽게 발견된다. 가령,『사도적 전통』18장에서는 이 입맞춤을 화평의 입맞춤(peace of kiss)이라 부르며, 테르툴리아누스는 단순히 화평이라 명명하면서 신자들의 기도와 화해(reconciliation)에 연관시키고 있다.[81] 그는 또한 이 의식이 널리 행해진다고 밝히면서 "기도의 인침"(seal of prayer)이라 부르기도 했다.[82]

키프리아누스 역시 단순히 화평이라 부르면서, 이 화평의 입맞춤을 서로 주고받는 것은 성도의 의무로서 그리스도의 형제 됨을 보여주는 표식이라고 해석했다.[83] 더 나아가 이 의식은, 믿음에 계속 거하는 자들에게 장차 주어질 하늘의 상, 즉 주의 품에 안기고 또 입맞춤을 받는 것을 미리 보여주는 예표라 부언하기도 했다.[84] 결국, 초기 신자들은 예배에서의 입맞춤을 통해 그리스도 예수 안에서의 하나 됨과 연합을 경험하는 의미에서 '화평'이라 불렀고 여기에는 죄를 뉘우쳐 교회와 화해한 자들도 포함되었으며, 더 나아가 하늘에서 그리스도와의 만남을 소망했음을 알 수 있다.

입맞춤의 예식에는 규율과 질서가 있었다. 가령, 2세기 변증가였던 아테나고라스는, 입맞춤을 할 때 최고로 주의를 기울여야 하며, 아주 작은 악한 생각이라도 갖게 되면 영생에서 떨어져 나갈 것이라 경고하기도 했다.[85] 입맞춤에 참여하는 신자들은 자신의 몸을 더럽히거나 부패하게 해서는 안 된다는 점을 강조한 것이다. 알렉산드리아의 클레멘트는 신자들 간의 사랑은 입맞춤 자체에서 나오는 것이 아님을 지적하면서, 절제되지 않은 입맞춤을 행할 경우 음험한 의심과 중상에 빠지게 된다고 경고한다.[86] 또한 그는 거룩치 않은 신자들의 입맞춤을 거미의 독에 비유하면서, "음탕함의 독"을 주입한다고 말한다.[87]

『사도적 전통』에서는, 세례 입문자는 영적으로나 육적으로나 아직 정결케 되지 않았기에 입맞춤을 해서는 안 되고, 남자 신자들은 남자들 사이에서, 여성 신자들은 여성들 사이에서만 허락된다고 규정하고 있다.[88] 이전의 문헌에서는 발견되지 않은 규율이다.

오리게네스는 이 입맞춤은 교회에 전해 내려온 관행이라고 설명하면서 두 가지 태도를 강조하는데, 하나는 순결해야 된다는 것이며, 다른 하나는 가룟 유다처럼 가장된(feigned) 입맞춤이 되어서는 안 된다고 말한다.[89] 그러면서 입맞춤에 있어서 화평(peace)과 진실(sincerity), 이 두 가지 덕목을 강조한다.[90]

초기 기독 공동체에서의 입맞춤은 예배에서의 한 의식으로써 뿐만 아니라 다른 상황에서도 행해졌는데, 그 대표적인 사례가 순교자 혹은 고백자에 대한 입맞춤이다. 테르툴리아누스는, 비기독교인 남편을 둔 아내가 받게 되는 많은 믿음의 장애물을 열거하면서, 이 여인이 고백자를 채운 쇠사슬에 입맞추기 위해 몰래 감옥에까지 방문한 경우를 언급하고 있다.[91] 203년 기독교 신앙으로 인해 스물 두 살의 나이로 순교한 페르페투아는, 순교 전 투옥되었을 때, 꿈과 환상을 통해 세 차례에 걸쳐서 화평의 입맞춤을 받았다.[92] 『바울과 테클라 행전』 19장에 보면, 테클라는 뇌물을 사용해 감옥에 있던 바울을 만나서 그를 묶은 쇠사슬에 입맞춤을 하기도 했다.

또한 입맞춤 의식은 감독이 임직을 받을 때도 행해졌다. 『사도적 전통』 4장에 보면, 감독을 세우는 예식에서 기도 후에는 모두로부터 입맞춤을 받는다고 기록한다. 여기서 '모두'가 정확히 누구를 가리키는지 명시되지는 않았지만, 전후 문맥을 볼 때 다른 감독들, 장로들, 그리고 집사들 모두를 지칭하는 것으로 보인다. 375-380년 사이 시리아 지방의 안디옥에서 기록된 『사도적 헌법』에서도 감독으로 임직 받을 때의 입맞춤에 대해서 언급하는데, 『사도적 전통』에서의 언급과는 달리 오직 감독들만이 그에게 입맞춤을 한다고 기록한다.[93]

그렇다면, 초기 기독교인들은 입맞춤의 의식을 행할 때 과연 신체의 어느 부위에 입맞춤을 했을까? 펜의 연구는 도움이 되는데, 그는 입맞춤을 언급한 헬라-로마의 작품들(965건) 중에서 대략 25%의 문헌(249건)은 가족들 사이의 입맞춤(familial kissing)에 대한 것으로, 입맞춤을 한 가장 많은 곳은 입술이며 손, 발, 눈도 주요 부위였다고 한다.[94] 유대인 문헌에서도 이와 비슷하게 언급되는데, 입맞춤의 부위는 대부분 머리, 손, 발이었다고 기록한다.[95]

헬라-로마 사회와 유대인의 사회에서처럼, 초기 기독교인들 역시 다양한 부위에 입맞춤을 했던 것으로 보인다. 이들 다양한 부위들은 실제 초기 기독교 문헌에서도 나타난다. 가령, 키프리아누스는 세르기우스와 로가티아누스 등 투옥 중인 고백자들에게 보내는 서신에서 이들을 방문해 직접 보기를 원한다고 하면서, 이들 입술에 입맞춤하는 것보다 더 기쁘고 숭고한 일은 없다고 말하고 있다.[96] 고백자 혹은 순교자에 대한 입맞춤의 관행으로 볼 수 있는데 그 부위는 입술이었다. 250년경 기록된 키프리아누스의 한 서신에 보면, 태어난 지 얼마 되지 않은 영아에게도 감독이 입맞춤했는데, 그 부위는 손으로 보이며 하나님의 손으로부터 이 영아가 만들어졌다는 이유에서라고 설명한다.[97]

초기 기독 공동체서의 입맞춤은 단순히 친교의 차원을 넘어, 상호 사랑과 성령 안에서의 연합을 상징하는 주요 행위였다. 이 관행은 발전하여 세례 의식의 한 과정으로써 세례식을 마친 개종자를 환영하는 의식으로 행해졌으며, 그 시기는 대략 2세기 중반으로 보인다. 더 나아가 입맞춤의 의식은 순교자나 고백자에 대해서도, 또한 감독이 임직을 받을 때도 행해졌다.

2장

세례와 성만찬

08

초대 교회의 세례 의식은
어디서 기원했을까?

고대 사회로부터 물은 정화 의식에서 중요한 수단으로 사용되었다. 가령, 헤로도투스의 기록에 따르면, 이집트인들은 돼지를 부정한 동물로 여겼고 접촉했을 경우 몸을 물로 씻어 정화시켰다고 한다.[98] 로마의 시인 버질은 그의 서사시 『아이네이드』에서, "흐르는 물(*flumine vivo*)"에 자신을 씻지 않고서 성물을 만지게 되면, 죄를 짓는 것이라 단정하고 있다.[99] 일부 주술적인 행위에서도 물을 사용해 정화하는 의식이 있었는데, 나이 많은 여인이 주술 행위를 위해 바닷물에 자신의 몸을 완전히 잠기게 (βάπτισον) 했다.[100] 테르툴리아누스는 기독교 세례와 이교도 세례를 비교하는 글에서, 이시스 종교나 미트라 종교에 입회(initiation) 시 물로써 몸을 씻는(*lavacrum*) 의식을 언급한다.[101] 이렇게 물은 정화 의식에서 보편적으로 사용되었다.

그렇다면, 초기 기독교 세례 의식은 어디서 기원했을까? 먼저, 세례 요한의 세례와 그 연관성을 살펴보자. 요한이 베푼 세례는 신약 성경에 나타난 최초의 세례로, "죄 사함을 받게 하는 세례"라 부르고 있다.[102] 죄의 고백을 통해 임박한 심판을 준비하는 맥락에서 설명되며, 반복되지 않고 단 한 번으로 행해지는 세례였다.[103] 그 일차적인 대상도 이스라엘 백성이었지 이방인이 아니었다는 점에서, 개종자에게 베풀어진 세례는 아니었다.

세례 요한의 세례는 요한복음 11장 55절에 언급되는 정결 의식과도 차이가 있다. 이 구절은 유월절 전에 많은 유대인이 자신의 성결을 위해 예루살렘에서 씻는 관습을 기록한 것인데, 예루살렘 성전 남쪽 입구 쪽에 위치한 미크바(Mikvah) 욕실에서 행해지는 것으로 희생 제물을 가지고 제사장 뜰로 들어가기 위해서 미리 시행되는 "율법적인 정결"(Levitical purity)이었다.[104]

세례 요한의 세례는 에세네파의 세례와는 차이가 있었는데, 후자의 경우 물로 씻는 행위는 매일 행해진 예식적 정결(ritual purity)이었다.[105] 에세네파는 매일 제5시, 즉 오전 11시경 허리에 두르는 간단한 옷만 걸친 채 차가운 물에서 몸을 씻었고, 그 후에는 이교도의 사람들이 들어올 수 없는 "성전과 같은"(as if it was a holy temple) 그들만의 방으로 이동해 정오 기도와 공동 식사를 가졌다.[106] 이런 점들을 고려해보면, 초대 교회의 세례는 세례 요한의 세례나 에세네파의 세례와는 구별된 것임을 알 수 있다.

이번에는 유대교 개종자 세례와의 연관성을 살펴보자. 이방인이 유대교로 개종할 때에는 통상 세 가지 조건이 요구되었는데, 할례, 세례, 희생 제사가 그것이고, 이때의 세례를 개종자 세례(proselyte baptism)라고 부른다.[107] 이 개종자 세례가 언제부터 행해졌는지 알 길은 없으나, 세례 예식의 과정들은 유대교 여러 문헌에서 발견된다.[108] 먼저, 바빌로니아 탈무드를 보면, 세례 받기 전의 과정들에 대해서 말하는데 세례 입문자는 자신이 유대교로 개종하는 동기에 대해서 뚜렷이 진술해야 하며, 자신에 대해 보증할 두 명 이상의 증인이 있어야 한다.[109] 율법들 중에서 더 무거운 것들과 또 덜 중한 것들에 대한 교육이 세례 전에 이루어진다.[110]

BC 1세기에 AD 1세기 사이에 기록된 『요셉과 아세넷』을 보자. 개종을 원했던 아세넷은 입던 옷 대신에 굵은 베를 입고 머리에 재를 뿌리며 일주일 동안 참회와 금식을 한 뒤, 물로 손과 얼굴을 씻었다고 기록한다.[111] 물이 모든 부위에 닿아야 한다는 점은 바빌로니아 탈무드에서 발견되는데, 이때 여성들은 머리에 그 어떤 장신구도 해서는 안 된다고 규정하고 있다.[112] 샴마이(Shammai) 학파의 경우, 개종자는 빗물이 흐르는 물에 스스로가 들어가야 한다고 말한다.[113] 그리고 미쉬나에 보면, 개종자가 세례를 받은 후에는 희생 제물을 준비해 첫 번째 유월절 식사에 참여하게 된다고 기록한다.[114]

이 같은 유대교에서의 개종자 세례의 예식들은 초기 기독교 개종자 세례 절차에서도 유사하게 발견된다. 『사도적 전통』에 비교적 많은 내용을 기술하고 있는데, 가령 기독교 세례 입문자는 개종하게 된 이유에 대해서 진술해야 하며 그 진실성은 남편, 아내, 혹은 주인으로부터 입증을 받아야 하고, 세례 받기 바로 직전에 기도와 금식을 하며, 몸의 모든 부위가 물에 닿아야 하며 이때 여인들은 모든 장신구를 벗어야 한다는 내용이다.[115] 후자의 내용은 앞서 언급한 바빌로니아 탈무드의 내용과 비슷하다.

『디다케』에서는 세례 시 물을 사용할 때, 흐르는 물(living water)을 사용하되 없을 시에는 냉수를, 냉수가 없을 시에는 온수를 사용해야 하고, 둘 다 없을 시에는 성부, 성자, 성령의 이름으로 물을 머리에 세 번 부으라고 기록하고 있다.[116] 유대교 개종자 세례에 사용되는 물 역시 이와 비슷하게 구분되는데, 흐르는 물, 뜨거운 물에서부터 작은 못의 물까지 총 여섯 등급으로 나누고 있다.[117]

혹자는, 초대 교회의 세례는 물속에 완전히 잠기는 침례(immersion)였기에 오늘날의 세례도 그러해야 한다고 주장할지도 모른다. 하지만, 초대 교회 문헌인 『디다케』에 의하면 단순히 물을 머리에 붓는(pouring) 형태의 세례 역시 행해졌다. 두라-유로포스에서 발견된 교회 건물에서도 이 점은 확인되는데, 세례수의 깊이가 약 1m 정도 된 것을 보면 허리까지 들어간 상태에서 머리에 물을 붓는 형태의 세례를 베푼 것으로 쉽게 추정된다. 아퀼라 비문이나 로마에서 발견된 석관에 나타난 세례의 이미지들(10장 참조) 역시 물을 붓는 형태의 세례를 보여주는데, 허리보다 더 얕은 물에서 베풀어진 것으로 보인다. 또한 단순히 머리에 물을 뿌리는(sprinkling) 형태의 세례는 병상의 환자에게 세례를 베풀 때 행해지기도 했다.

세례를 받은 자들은 첫 제물로 빵과 포도주를 가져와 다른 기독교 신자들과 함께 성찬에 참여하게 되는데,[118] 이 점 또한 역시 유대교 개종자 세례 의식 절차와 비슷하다. 이처럼, 초기 기독교 개종자 세례는 당시 유대교 개종자 세례와 그 의식과 절차에서 유사한 것을 발견하게 되는데, 기독교가 유대교 의식에 바탕을 두었다는 점은 부인할 수 없다.

기독교 개종자 세례	유대교 개종자 세례
개종의 이유에 대한 질문을 받음	개종의 이유에 대한 질문을 받음
개종자의 진실성에 대한 증인 필요함	두, 세 명의 증인이 필요함
세례 전 윤리적 교리문답 교육	더 중하고 덜 중한 계명에 대한 교육
세례 직전의 개종자의 엑소시즘, 기도, 금식	개종자의 기도, 금식

사탄(즉, 우상숭배)과의 단절을 개종자 말함	사탄과 우상숭배와의 단절을 개종자 말함
생명수(흐르는 물)에서 세례 베풂 단 없을 시에는 고인 물도 괜찮음	흐르는 물에서 세례 베풂
몸의 모든 부위가 물에 닿음 여자들은 머리를 풀고 장신구를 벗음 다른 물건은 들고 가지 못함	몸의 모든 부위가 물에 닿음 여자들은 머리를 품 물과 몸 사이 어떤 물건도 있어서는 안 됨
세례 후, 첫 성만찬에 참여 개종자가 빵과 포도주를 첫 제물로 가져옴	세례 후, 첫 유월절 만찬에 참석 개종자가 희생 제물 가지고 옴

[도표 6. 초기 기독교 개종자 세례 의식과 유대교 개종자 세례 의식 비교][119]

이러한 유사점에도 불구하고, 기독교의 세례는 성령과 관련 있다는 점에서 유대교 개종자 세례나 세례 요한의 세례와는 큰 차이가 난다. 순교자 유스티누스는 세례를 영적인 빛(φωτισμός, illumination)이라 불렀는데, 이는 토라를 위대한 빛이라 말하면서 이 토라를 통해서 계몽이 찾아온다고 본 유대교와 비교된다.[120] 유스티누스는 빛이라는 용어를 세례와 연관시킨 첫 교부이기도 하다. 물론 이 용어 자체가 유스티누스 자신의 것이라기보다는 신약 성경에서 차용한 것이라 볼 수 있는데, 가령 히브리서 6장 4절에서는 세례를 빛을 받은 것으로 표현하며, 고린도후서 4장에서는 "그리스도의 영광의 복음의 광채"(4:4, φωτισμὸν), "하나님의 영광을 아는 빛"(4:6, φωτισμὸν)에서 이 용어는 사용된다.[121] 4세기 나지안주스의 그레고리는 세례뿐만 아니라 삼위일체 교리를 아는 지식에도 이 빛이라는 용어를 사용하고 있다.[122]

09

『사도적 전통』을 통해서 본 개종자의 세례 과정

　초기 기독교와 관련해 지금까지 발견된 규율집 혹은 규정집은 총 일곱 개다.[123] 그 문헌들을 열거하면, 『디다케』(Didache), 『사도들의 교훈』(Didascalia Apostolorum), 『사도적 교회 규정』(Apostolic Church Order), 『사도적 전통』(Apostolic Tradition), 『히폴리투스 법규』(Canons of Hippolytus), 『사도적 헌법』(Apostolic Constitutions), 『주의 언약』(Testamentum Domini)이 그것이다. 19세기 이전까지만 해도 『사도적 헌법』만이 알려져 왔지만, 이후 여러 규정집의 다양한 언어(헬라어, 라틴어, 시리아어, 콥틱어, 아라비아어 등)로 기록된 사본들이 발견되면서, 일곱 개의 규정집을 확인하게 되었다.[124]

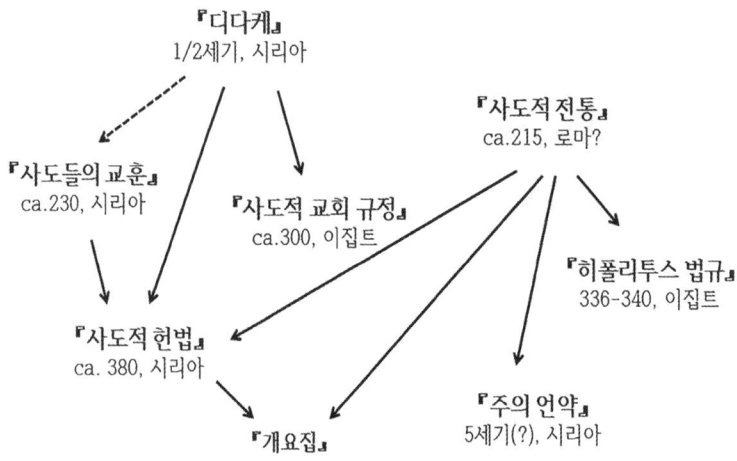

[도표 7. 초대 교회 규정집들의 연관성][125]

아래의 표와 같이 로마의 동방 지역에서는 『디다케』, 서방 지역에서는 『사도적 전통』을 중심으로 각각의 규정집들이 작성되거나 혹은 확대, 발전된 것을 보게 된다. 이 중에서, 기독교로 개종할 때, 세례 입문자가 세례를 받기 전후 어떤 과정을 거치는지 그 절차에 대해 상세히 설명한 문헌은 『사도적 전통』이라 볼 수 있다.

일반적으로 이 작품의 저자는 로마의 히폴리투스로, 215년경 기록된 것으로 알려져 있다. 하지만 내용의 통일성이나 논리적인 배열이 부족한 것으로 볼 때, 히폴리투스가 이미 쓰여진 다른 자료들을 참고해 한 권으로 편집해 "종합한 작품"(composite work)으로 보인다.[126] 이 규정집에는 총 38개의 규정들과 한 편의 설교로 구성되어 있는데, 세례 입문자와 관련해서는 16-23장에서 다루고 있다.

먼저, 16-20장에 보면 세례 입문자가 세례를 받기 전까지의 과정에 대한 상세한 설명이 있다. 세례 입문자는 3년 동안 말씀을 들어야 한다고 기록하면서도, 혹시 세례 입문자가 열의가 있고 잘 한다면 그의 인격을 근거로 준비 시간은 줄어든다(17). 거룩한 입맞춤은 세례 입문자는 할 수 없고, 남자와 여자 사이 거룩한 입맞춤은 금지되어 있다(18). 여성은 얇은 천이 아니라 불투명한 천을 머리에 써야만 한다(18).

세례 입문자는 준비 기간 동안 자신의 삶에서 검증을 받아야만 했는데, 술취하지 않고 착실하게 사는지, 과부를 존경하는지, 병자를 방문하는지, 그리고 선행에 적극적인지를 보는 것이다(20). 이들의 후원자가 이런 것들을 검증한 뒤에 말씀을 듣게 되고, 이때부터 다른 세례 입문자들과 분리되어 매일 엑소시즘을 위한 안수 기도가 이루어지고, 세례식이 다가왔을 때는 감독이 각 개인에게 엑소시즘을 위한 안수 기도를 드린다. 이들 중 남자 세례 입문자들은 화요일에, 여자는 다른 날에 목욕을 한다(20).

금요일에 금식을 해야 하고, 토요일에 감독은 이들을 모아 무릎을 꿇어 기도하게 하는데, 머리에 손을 얹고 악령이 나가 다시는 들어오지 못하도록 안수 기도를 한다(20). 세례 전 신앙 교육에서, 기도와 금식은 영적인 청결의 표식이었다. 그 뒤 감독은 이들의 얼굴에 입김을 불어놓고 이마, 귀, 코에 십자가의 모양으로 표시를 하고, 그 뒤 이들을 일으킨다(20). 이들은 다음날 세례를 받을 때까지 모두 밤을 지새우면서 말씀을 읽고 훈시를 듣는다(20). 새벽이 되면, 세례 때 사용되는 물을 놓고 기도가 이루어진다(21). 옷을 벗어야 하고 여성들은 그 어떤 장신구도 몸에 걸치지 말아야 하고, 세례의 순서는 어린아이, 남자, 그리고 여자의 순서로 되어 있다(21).

세례식이 시작될 때 감독은 기름에 대한 감사의 기도를 한 후 이것을 그릇을 담는데, 감사의 성유(oil of thanksgiving)라 부르고, 또 다른 기름을 준비하고 사탄을 쫓는 기도를 하는데 엑소시즘의 성유(oil of exorcism)라 부른다(21). 성유 부음은 한 명의 장로에 의해서 행해지는데 장로 왼편에는 집사가 엑소시즘의 성유를, 장로 오른편에는 집사가 감사의 성유를 들고 서 있는다(21).

그 뒤 장로는 세례 받을 한 사람씩 잡고 각 사람으로 하여금 악과의 관계를 끊는 기도를 행하게 하는데, 이때 "나는 사탄과 사탄의 모든 졸개들과 모든 일들을 버립니다"라고 기도하고, 그 뒤 감독은 엑소시즘의 성유를 붓고, "모든 영들이 너에게서 나갈지어다"라고 기도한다(21). 엑소시즘은 세례식에서 성령을 받기 위한 한 부정적인 측면의 준비 과정으로, 사탄과의 관계를 끊는다는 것은 이교도의 예배에 더 이상 참석하지 않겠다는 의미였다. 테르툴리아누스 역시 이 같은 신자들의 고백을 언급하는데, "우리는 악마와 그의 허식과 천사들과의 관계를 끊는 것을 확언합니다"라는 고백이다.[127]

그리고 난 뒤, 세례를 베푸는 장로(혹은 감독)에게 보내지고, 물 안으로 들어갔을 때 감독은 그에게 손을 얹고, "당신은 전능하신 성부 하나님을 믿습니까?"라고 질문하면, 그는 "믿습니다"라고 답한다(21). 그 뒤 머리에 손을 얹고 세례를 한 번 베풀고(즉, 물 밑으로 들어감), 그 뒤 감독은 묻고 세례 받는 자는 답을 하는데, 세 번에 걸쳐서 이루어진다(21). 즉, 세 번에 걸쳐 세례(trine immersion)가 베풀어진다. 『피시오로구스』에서도 세 번에 걸친 세례를 역시 말하고 있는데, 참고로 이 작품은 2세기 후반에서 4세기 후반 사이에 기록되었다.[128] 각각의 질문은 삼위 각 위격의 순서, 즉 성부, 성자, 성령의 순서에 따르고 있고, 성부와 성령은 각각 한 문장으로 짧지만 성자에 관해서는 그 내용이 길다.[129]

대모(the Great Mother)로 알려진 키벨레의 여 신자들이 행하는 의식 중에 물에 세 번 담그는 행위가 있다. AD 1/2세기에 활동했던 로마의 시인

유베날리스(Juvenal, 55-140)의 기록에 따르면, 차가운 겨울 아침 티베르 강 물의 얼음을 깨고 들어가 세 번에 걸쳐서 몸을 담근다고 한다.[130] 심지어 소용돌이치는 물에 머리를 담그기도 하고 벌거벗은 채로 몸을 떨면서 기어 나온다고 한다. 일 년에 한 번 행하는 키벨레교의 의식인데, 단순히 종교적 계명에 따른 것인지, 신에게 은혜를 입기 위함인지, 아니면 금욕의 한 행위에서 비롯된 것인지 그 이유는 불분명하다.[131] 물속에 세 번에 걸쳐서 들어가는 것, 몸에 옷을 걸치지 않는 것은 초기 기독교의 세례 의식과 유사하다. 그렇다고 키벨레교의 이 의식이 기독교 세례 의식에 영향을 끼쳤다고 말하는 것은 부당하며 성급한 결론이다.[132]

세례를 받을 때 물 아래도 내려오고 물 위로 올라오는 행위에는 어떤 의미가 담겨져 있었을까? 그 신학적인 의미는 무엇일까? 『바나바 서신』에서는, "우리가 죄와 더러움의 짐을 가지고 물 안으로 내려간 후, 우리의 마음속의 경외함과 우리의 영혼 안에 예수의 희망으로 많은 열매를 가지고 물에서 나옵니다"라고 말한다.[133] 즉 물 안에서 일어나는 것은 이중적 의미로 볼 수 있는데, 하나는 죄와 더러움이 씻겨나가는 것이고 다른 하나는 새로운 신자의 마음으로 채워진다는 것이다. 헤르마스의 『목양자』에서는, "죽어서 물에 내려가고, 살아서 물에서 나옵니다"라고 말한다.[134] 두 경우 모두 바울의 근본 가르침에 근거한 것으로 보이는데, 세례를 통해서 신자들은 그리스도와 함께 죽고, 장사되고, 일어난다는 본문이다.[135]

세 번째 질문과 세례를 받은 후 물에서 나와, 감사의 성유로 기름 부음을 받는데, 이때 장로는, "예수 그리스도의 이름으로 성유(holy oil)를 붓노라"라고 말한다. 그 뒤 몸을 닦은 후 즉시 옷을 입고 교회당으로 보내져 비로소 성만찬 예식에 참여하게 된다.

10

세례를 받을 때 벌거벗은 몸이었을까? 아니면 최소한의 옷은 걸쳤을까?

아래 비문은 이탈리아 아퀼라(Aquila)에서 발견된 비문으로 AD 4세기의 것이다. 일찍 세상을 떠난 어린 여자아이를 기념한 비문으로, 그 부모가 세운 것으로 기독교 가정임이 분명하다. 비문에 적힌 글귀는 다음과 같다.

[자료 3. 아퀼라 비문, AD 4세기][136]

INNOCENTI SP(irit)O QUEM	성령 안에서 순결한 자
ELEGIT DOM(inu)S PAUSAT	주께서 일으키신 자
IN PACE	평안히 쉬다
FIDELIS	신자
X KAL(endas) SEPT	8월 23일
SEPTEMBR(es)	

　중앙에 보면 어린 소녀가 세례를 받는 모습이 보이며, 소녀 머리 위 비둘기는 성령의 임재를 상징한다. 초대 교회에서 세례는 구원에 있어 필수 조건이었고, 특히 유아들의 경우 언제 죽게 될지 몰랐기에 이들에 대한 세례는 행해졌다.

　좌측 성인 남자는 제사장의 옷을 입고 있는데 감독으로 보이며, 우측 성인 남자는 장로 혹은 집사로 세례 의식을 돕고 있다. 세례받는 소녀가 아무것도 걸치지 않고 알몸으로 있는 것이 눈에 띈다.

　3세기 후반의 것으로 보이는 로마에서 발견된 석관에서도 벗은 몸으로 세례받는 소년의 모습이 발견된다. 성인 남자는 세례를 집례하는 감독으로 왼손에 든 책은 세례 문답서로 보인다. 세례를 받는 남자 어린아이 역시 아무것도 걸치지 않고 있다.

[자료 4. 로마 Via della Lungara 석관, AD 3세기 후반]¹³⁷

고고학적 자료가 보여주는 것처럼, 과연 초대 교회는 개종자에게 세례를 베풀 때 벌거벗은 채로 받게 했을까? 이 주제는 최근 한국의 신학자들에게도 연구의 대상이 되었는데, 전창희는 '알몸 세례'라 칭하면서 이런 관행은 2세기 이후부터 적어도 5세기에 걸쳐 행해졌다고 논하기도 했다.¹³⁸

벗은 몸으로 세례를 받았다고 언급한 최초의 문헌은 『사도적 전통』이다. 여기에 보면, 세례받을 사람들은 옷을 벗어야 하고, 여성들의 경우 그 어떤 장신구도 몸에 걸치지 말아야 하며 물속에서 벌거벗은 채로 있어야 한다고 기록한다.¹³⁹ 장신구를 해서는 안 된다는 규정은 유대인 개종 세례 관행에 근거한 것으로 볼 수 있다.[140] 세례는 어린아이, 남자, 그리고 여자의 순서로 진행되는데, 여성을 맨 마지막에 둔 이유에는 벌거벗은 몸을 아무도 보지 못하게 하기 위했을 수도 있을 것이다.

벌거벗은 상태로 세례를 받았다는 점을 분명히 강조한 대표적인 교부로는 4세기 예루살렘의 감독 키릴을 들 수 있다. 그는 『세례 입문자를 위한 강좌』에서 세례를 받을 때는 아무것도 입어서는 안 되는 것을 말하면서 그 근거로 두 가지 이유를 제시한다. 하나는 예수님이 십자가에 벌거벗긴 채로 달리신 것이고, 다른 하나는 첫 사람인 아담이 벌거벗은 상태로 에덴동산에 있었지만 부끄럽지 않았다는 것이다.[141]

하지만 성인 남성과 남녀 어린이들과는 달리, 성인 여성의 경우 벌거벗은 몸으로 세례를 받을 때는 도덕상의 문제가 발생했다. 이 점은 『사도들의 교훈』에서 발견되는데, 참고로 이 작품은 230년경 시리아 지방에서 기록되었다. 남집사와 여집사의 임명과 역할에 대해서 말하면서, 여집사 직이 필요한 첫 번째 이유를 세례와 연관해서 말한다. 즉, 세례받은 여성에게 성유를 붓는 것은 여집사의 몫인데 이는 세례받는 여성이 남자에게 보여지는 것이 좋지 않다는 이유에서였다.[142] 물론 여집사의 역할은 단순히 성유를 붓는 것이었지, 세례 그 자체는 감독 혹은 장로에 의해서 행해졌다. 380년경 기록된 『사도적 헌법』에서도 비슷하게 언급하고 있다. 세례받은 자가 세례수에서 올라올 때 남자의 경우 남집사가, 여자의 경우 여집사가 각각 받아들이도록 규정하고 이렇게 함으로써 품위 있는 행동(decency)이 된다고 설명한다.[143]

성인 여성에게 세례를 베푸는 것과 관련해 가이(Guy)라는 학자는 세 가지 경우를 들어서 설명한 바 있다. 첫째는 여집사가 여자 세례 입문자에게 세례를 베풀었다는 것이고, 둘째는 여자 세례 입문자는 완전히 벌거벗은 것이 아니라 최소한의 옷을 걸쳤다는 것이며, 마지막은 완전히 벌거벗은 여성에게 감독이 세례를 베풀었다는 것이다.[144]

이 중에서 첫 번째 경우인, 여집사 혹은 여지도자가 여성에게 세례를 베풀었다고 보기는 힘들다. 물론 그런 사례가 발견되기도 한다. 가령,『바울과 테클라 행전』에 보면, 테클라(Thecla)는 벌거벗은 몸으로 물에 들어가, "마지막 날을 위해 예수 그리스도의 이름으로 나 자신에게 세례를 베풉니다"라며 스스로 세례를 베풀기도 했다.[145] 하지만 여성이 세례 베푸는 것은 정통 교회에서 금지되었는데, 가령 테르툴리아누스는 테클라의 경우를 언급하면서 여자가 세례를 베푸는 것을 엄격히 금지했다.[146] 갑바도기아 가이사랴의 감독 피르밀리안(Firmilian) 역시 256년 키프리아누스에게 보내는 서신에서, 세례를 베푸는 여성을 "가장 사악한 마귀"(a most wicked demon)라고 비난했다[147].

두 번째 경우인, 여성은 최소한의 옷을 걸쳤다는 견해는 상당히 설득력이 있다. 4세기 콘스탄티노플의 총감독이었던 크리소스톰이 이 점을 분명히 언급하는데, 그는 막 세례를 받으려는 자들에게 "신과 옷을 벗어 벌거벗은 몸과 맨발로 있되, 단 하나의 옷을 걸쳐라"고 말한다.[148] 최소한으로 걸쳤다는 점을 분명히 언급한 대목으로, 소매가 짧고 무릎까지 내려오는 로마인들의 튜니카(tunic)를 입었을 수도 있다. 브래드쇼(Bradshaw)의 제안 또한 그럴듯한데, 그는 세례 전 여집사로부터 성유를 받기 위해서는 옷을 완전히 벗지만, 감독이 세례를 베풀 때는 가벼운 속옷을 입었을 것이라 말했다.[149]

가이와 퍼거슨(Ferguson)는, 일반적으로 '벌거벗은 몸'을 뜻하는 헬라어 γυμνός, 라틴어 *nudus*는 때로는 하반신에 옷을 얇게 걸치는 것을 의미할 수 있다는 점을 들어서, 완전히 벗은 것으로 이해하지 않아도 된다고 주장한다.[150] 하지만, 이들 단어가 아담과 하와가 죄짓기 이전 완전히 벌거벗은 상태를 나타낼 때 사용되었던 점을 보면,[151] 어원적 의미를 근거로 한 이들의 주장은 설득력이 떨어진다.

세 번째 경우인 감독이 완전히 벌거벗은 여성에게 세례를 베푼 장면을 떠올릴 때, 당시 유대교 개종자 세례의 관행을 이해하면 크게 도움이 된다. 여성이 유대교로 개종해 세례를 받을 경우, 이때 두 여성이 세례받을 여성을 세례수 물의 목까지 나오도록 하고, 두 명의 유대 랍비가 밖에 서서 그녀에게 율법을 가르친다.[152] 이들 남성이 밖에 있기에 세례받는 여성의 벗은 몸을 보지 못하게 되는 것이다. 초대 교회의 세례가 유대교 개종자 세례에 기원한 점을 미루어 볼 때, 여성에게 세례를 베푸는 방식도 유대교의 방식을 따랐을 가능성이 크다. 물론 이 점도 추론에 불과하다.

11

첫 1세기 성만찬 예식은
유월절 잔치와 무슨 관련이 있을까?

　AD 70년 예루살렘 성전이 로마군에 의해 파괴되기 전까지 유대인들은 예루살렘 성전을 직접 방문해서 유월절을 지켰다. 유대인 역사가 요세푸스의 기록에 따르면, 무교절 절기가 되면 무려 삼백만 명에 이르는 사람들이 예루살렘 모였다고 기록한다.[153] 무교절은 유월절 다음날 시작되기에 이 두 명절을 지키기 위해 예루살렘을 방문한 디아스포라 유대인들로 볼 수 있다. 현대 학자들은 요세푸스의 기록을 과장된 숫자라 여겨 이십만 명으로 산정하기도 한다.[154] 요세푸스는 또 다른 곳에서 유월절에 희생된 양의 숫자가 무려 256,500마리라고 기록하고 있는데,[155] 만약 10명이 양 한 마리를 희생 제물로 바쳤다고 가정한다면 유월절에 참가한 유대인의 수는 무려 2,565,000명이 된다. 이런 점을 고려해볼 때 요세푸스의 유월절 참석자 숫자를 과장된 것으로만 볼 수 없다.

유월절이 다가오면 예루살렘 도성은 상업 도시로 점차 변해갔다. 방문한 사람 중에는 상인들도 제법 많이 있었는데, 이들은 미리 도착해 의류, 보석, 음식 등 갖가지 종류의 물건들을 팔거나 물물 교환을 했다.[156] 예수님 역시 유월절 며칠 전에 예루살렘을 방문한 적이 있는데, 이때 성전 안에서 소, 양, 비둘기를 파는 사람들을 채찍으로 내쫓고, 환전용 돈을 엎으셨다(요 2:13-16). 당시 상업적으로 변한 예루살렘 도성의 모습을 단적으로 보여주는 사건이다.

예루살렘의 숙박 시설은 유월절을 지키기 위해 방문한 사람들에게 모두 대여되었다. 유월절 음식을 나누기 위해서라도 숙박 시설은 필요했는데, 예수님 역시 제자들과 함께 유월절 음식을 먹기 위해서 '큰 다락방'(ἀνάγαιον μέγα)을 빌리셨다(막 14:15; 눅 22:12). 희생 제사로 바칠 양들도 다양한 크기로 판매되었는데, 이는 한 번에 남김없이 먹어야 하는 이유에서다. 보통의 경우 가족(한 가족 혹은 여러 가족) 단위, 혹은 적어도 10명이 한 그룹을 이루어 희생양을 구입했던 것으로 보인다.[157]

누가복음 22장에 보면, 예수님은 십자가 고난을 받기 전에 제자들과 함께 유월절 절기를 지키셨다. '마지막 만찬'(the Last Supper)으로 알려진 유월절 식사이다. 이 만찬은 첫째 잔 - 감사 기도 - 떡 - 감사 기도 - 저녁 식사 - 둘째 잔 - 감사 기도의 순서로 진행되었다. 두 번의 말씀을 하셨는데, 한번은 떡을 가지고 감사 기도를 하신 후, "이것은 너희를 위하여 주는 내 몸이라 너희가 이를 행하여 나를 기념하라"고 말씀하셨다(눅 22:19). 나머지 한번은 저녁 식사 후 둘째 잔(2)에서, "이 잔은 내 피로 세우는 새 언약이니 곧 너희를 위하여 붓는 것이라"고 말씀하셨다(눅 22:20).

예수님의 마지막 만찬은 당시 유대인들이 지킨 유월절 식사였다.[158] 물론 다른 의견을 주장하는 이도 있는데, 가령 딕스(Dix)는 마지막 만찬은 유월절 식사 24시간 전에 행했던 차부롯(chaburoth)이라 불리는 만찬이었다고 주장한다.[159] 매짜(Mazza)는 키두쉬(Qiddush)라 불리는 유대교의 명절 음식이었다고 주장하면서, 여기에는 차례대로 잔의 의식, 떡의 의식, 잔의 의식으로 이루어진다고 말하기도 했다.[160] 하지만 예수님 자신이 "유월절"(πάσχα) 음식을 먹겠다고 직접 언급한 점을 미루어 볼 때 유월절 식사라 보지 않을 특별한 이유는 없어 보인다.

이때는 AD 30년으로 볼 수 있는데 불행하게도 이 시기 유월절 식사가 정확히 어떻게 행해졌는지, 이를 기록한 문헌적 자료는 없다. 하지만 1세기 전반에 걸쳐서 행해진 유월절 잔치의 대략적인 순서는 다음과 같이 정리될 수 있다.[161] 크게 세 부분으로 구성된다. 그 처음은 첫째 잔의 성별(sanctification)로 잔을 거룩하게 하는 축복 기도를 한다. 그 다음 할렐(Hallel)의 첫 일부분 시편 113-114편을 암송한다. 두 번째는, 둘째 잔과 떡에 대한 성별, 즉 축복 기도를 하고, 그 다음 저녁 식사를 가진다. 마지막은, 식사 후 음식에 대한 감사 기도를 드리는 것으로, 이 기도에는 셋째 잔의 기도가 포함되어 있다. 이번에는 할렐의 나머지 부분 시편 115-118편을 암송하고, 찬양(시편 136편)과 기도로 모든 순서를 마친다. 첫째 잔 - 축복 기도 - 둘째 잔과 떡 - 축복 기도 - 저녁 식사 - 셋째 잔 - 축복 기도의 순서로 요약할 수 있다.

예수님의 마지막 만찬 이후, 초대 교회가 행했던 성만찬에 대한 최초의 기록은 고린도전서 11장으로 볼 수 있다. 바울이 고린도 교회 성도들의 잘못된 성만찬 관행을 꾸짖는 내용으로, 그 시기는 대략 50년대 중반이다. 일부 신자들은 포도주를 취하기까지 마시며 배불리 음식을 먹었던 탓에 뒤늦게 예식에 참석한 신자들은 음식을 아예 먹지 못했던 것이다

(11:21-22). 전자는 다소 부유했던 신자들로, 후자는 가난했던 신자들로 보인다. 먼저 도착해 취하며 배불리 먹었던 이들 곧 부유한 신자들은 자신들이 익숙했던 심포지움 연회의 관행 그대로 성찬 예식을 즐겼던 것이 분명하다. 결국, 바울이 보기에 고린도 교회의 성찬은 "주님의 만찬"이 전혀 아니었다(11:20).

이런 연유로, 바울은 서신을 통해 성만찬의 의미를 다시 가르쳤다. 예수님의 마지막 만찬을 그대로 설명한 것인데, 떡을 위한 기도 후에 "이것은 너희를 위하는 내 몸이니 이것을 행하여 나를 기념하라"(11:24), 잔을 위한 기도 후에, "이 잔은 내 피로 세운 새 언약이니 이것을 행하여 마실 때마다 나를 기념하라"(11:25)는 말씀이 각각 인용되고 있다. 이를 근거로 볼 때, 고린도 교회의 성만찬의 순서는 떡 - 축복 기도 - 저녁 식사 - 잔 - 축복 기도로 추정된다. 누가복음 22장에 기록된 예수님의 마지막 만찬과 비교해 볼 때, 첫째 잔 + 기도를 빼면 나머지 순서는 동일하다.

바울은 서신 앞부분에서 예수를 희생된 유월절의 어린양이라 설명한 바 있는데(고전 5:7), 성만찬이 유월절 잔치의 연속 선상에 있다는 점을 고린도 교회 성도들에게 각인시킨 대목이다. 유월절이 '기념되는 날'(출 12:14)이 되는 것처럼, 고린도 교회의 성만찬 역시 예수의 십자가 죽음을 '기념하는 날'이다(고전 11:25).

마지막으로 2세기 초에 기록된 『디다케』를 보자. 이 작품은 1세기 후반 시리아와 팔레스틴 지방 교회에서 사용된 교회 규율집으로 이 지역 초기 기독교를 보여주는 주요 작품이다. 9-10장에 보면 성만찬에서의 기도문이 예식 순서대로 언급되어 있는데, 이를 토대로 구성된 성만찬 순서는 다음과 같다. 먼저 잔을 나눈 후 짧은 감사 기도가 이어지고, 그 뒤 떡을 나누고, 역시 감사 기도가 이어진다. 또 다른 기도가 바로 이어지는데 종말의 때에 흩어진 교회가 하나로 모여지도록 간구하는 내용이다. 그 뒤, 다 함께 저녁 식사를 하고, 감사 기도로 마쳐진다. 요약하면, 잔 - 감사 기도 - 떡 - 감사 기도 - 저녁 식사 - 감사 기도의 순서가 된다. 저녁 식사 후 둘째 잔 + 기도가 없는 것을 빼고는 예수님의 마지막 만찬(눅 22:17-22)의 순서와 일치한다.

유대교 유월절 식사	마지막 만찬 (눅 22:17-20)	고린도 교회 (고전 11:23-26)	『디다케』 (9-10장)
1세기	AD 30	50년대 중반	2세기 초
첫째 잔 + 기도 둘째 잔 & 떡 + 기도 저녁 식사 셋째 잔 + 기도	첫째 잔 + 기도 떡 + 기도 저녁 식사 둘째 잔 + 기도	떡 + 기도 저녁 식사 잔 + 기도	잔 + 기도 떡 + 기도 저녁 식사 감사 기도

[도표 8. 첫 1세기 성만찬 순서 비교]

위의 네 경우를 바탕으로 정리해 보자. 첫 1세기 그리스도인들은 성만찬에 있어서 고린도 교회(떡-잔의 순서)를 제외하고는 모두 잔-떡의 순서로 진행했다고 볼 수 있다. 물론 고린도전서 10장 16절에서는 잔-떡의 순서로도 언급되나, 이것이 실제 행해진 순서였다고 단정할 필요는 없어 보인다. 오히려 성도는 잔과 떡을 통해서 그리스도의 십자가 죽음에 함께 참여한다는 신학적 의미를 강조한 것으로 해석할 수 있다.

유월절과 예수님의 마지막 만찬을 제외하고는, 잔의 횟수는 한 회로 줄어들었다. 『디다케』의 문헌에서 추측할 수 있듯이, 초기 교회는 십자가의 메시지와 구원을 기억하기 위해 먼저 잔과 떡의 간략한 예식을 가졌고 그 후에 풍성한 저녁 식사를 통해 성도의 교제를 나눈 것으로 보인다.

이후의 문헌에서 발견되는 내용이지만, 세례를 받고 성만찬에 참여하는 자에게는 빵과 포도주와 더불어 우유와 꿀도 주어지기도 했는데, 우유와 꿀은 구약의 가나안 땅, 즉 젖과 꿀이 흐르는 약속의 땅을 의미한다.[162] 또한 빵에 소금을 뿌려서 주기도 했고, 오직 빵만 주던지 혹은 포도주 대신에 물을 주기도 했는데, 금욕주의적 성격이 강한 교회의 예식으로 보인다.[163]

12

성만찬과 헬라-로마 사회의 연회와는 무슨 관련이 있을까?

초기 기독교 공동체에서의 성경 낭독이 헬라-로마 사회에서의 공동 낭독(common reading)과 비교되듯이, 성만찬 역시 헬라-로마인들의 연회와 비교 혹은 대조되어 설명된다. 순교자 유스티누스는, 미트라(Mithras) 숭배자들의 예식에서 사용되는 빵과 물을 언급하면서 이들 숭배자들이 기독교의 성만찬을 모방한 것이라며 비난했다.[164] 초기 신학자이자 변증가로 활동했던 테르툴리아누스 역시 당시 미트라교(Mithraism)의 예식에 대해 잘 알고 있었는데, 그는 빵을 먹으며 부활의 이미지를 재현하는 미트라교도들의 행위는 마귀에 의해 진리가 왜곡된 것이라며 비난했다.[165] 미트라 숭배자들은 빵과 포도주를 먹음으로써 다시 태어난다고 믿었다. 물론 이때의 빵과 포도주는 은유적인 면에서의 음식을 말하기도 하는데, 이 음식들을 먹음으로써 사후 인간의 영혼이 꺼지지 않는 빛을 향해 올라갈 수 있다고 믿었다.[166] 이처럼 초기 기독교의 성만찬은 헬라-로마인들의 종교적인 식사와 대조, 설명되었음을 알 수 있다.

기독교의 성만찬은 당시 로마 사회에 자발적으로 조직된 단체(voluntary association)에서 행해진 연회와도 비교되곤 했다. 이 회(會)를 라틴어로 콜레기움(collegium)이라 부른다. 콜레기움은 크게 세 가지로 구분이 되는데, 광부, 어부, 제빵업자, 선원 등 직업과 관련된 단체, 장례와 관련된 단체, 그리고 종교적인 목적으로 조직된 단체가 그것이다. 어느 단체든지 종교적 제의가 포함되어 있었고, 모임에서의 연회, 즉 공동 식사는 공통된 주요 행사였다. 가령, 133년 이탈리아 조그만 마을이었던 라누비움(Lanuvium)에 조직된 한 장례 단체는 매년 여섯 차례 연회, 즉 공동 식사를 가졌다고 기록한다.[167] 이 단체는 다이아나(Diana)와 안티누스(Antinous)를 숭배했는데, 연회 때 고기는 제공되지 않았고 포도주와 빵, 그리고 생선으로 정어리가 제공되었다.

로마 황제는 때론 정치적인 위협을 느껴 콜레기움을 조직하는 것을 금하기도 했지만, 이들 단체의 활동이 로마법을 어기지 않는 한 구속하지 않았다. 특별히 가난한 사람들로 구성된 콜레기움에 대해서 로마의 법은 더욱 관대했었다. AD 136년에 작성된 것으로 보이는 한 법령에는, 가난한 동료의 매장지를 구입하기 위해 공동 자금을 축적할 수 있으며, 모임은 한 달에 한 번으로 제한한다는 내용이 기록되어 있다.[168] 장례를 목적으로 조직된 콜레기움에 대한 너그러운 처사였다.

테르툴리아누스가 자신의 『변증서』 39장에서 기독 공동체를 빗대어 변호했던 단체가 바로 장례를 목적으로 조직된 콜레기움으로, 쉽게 오늘날의 상조회로 생각할 수 있다. 그는 여느 단체들의 연회보다도, 기독 공동체에서의 연회가 도덕적, 윤리적으로 훨씬 우월하다는 점을 강조했다. 가령, 로마-헬라인들의 단체들은 연회를 위해 과다한 비용을 지출하고 심지어 빚까지 지지만 기독교인들은 그렇지 않다라고 변호했다. 궁핍한 자들과도 나눈다는 점에서 기독교인들의 연회를 '애찬'(*dilectio*, love-feast)이라 명명하며, 참여자들은 기도 후 음식을 나누고 식후에는 등불 아래 성경 말씀을 듣거나 찬양을 부르며 기도하는 것으로 마친다고 설명한다.[169] 더 나아가 기독교 모임의 연회는 이교도 집단들이 종종 일삼는 폭력과 무질서로 이어지지 않고 자기 절제와 순결한 삶으로 실천된다는 점 또한 강조한다.[170] 이처럼 기독교인들의 성만찬 예식은 기독교를 변호하는 과정에서, 헬라-로마 사회의 단체들에서 행해진 공동 식사와 종종 비교 혹은 대조되어 다루어졌다.

기독교 성만찬과 고대 헬라인들의 심포지움 사이에도 그 공통된 요소들이 있었다. 심포지움(symposium)은 '함께'라는 헬라어 συμ(together)과 '마시다'는 πίνω(to drink)의 합성어로 '함께 잔을 마신다'는 뜻이다. 연회에서 함께 저녁을 먹고 난 후 고전을 읽고 인용하며 지식을 나누었는데 이를 심포지움, 즉 지식의 향연이라 불렀다. 헬라인의 심포지움을 로마 사회에서는 콘비비움(*convivium*)이라 불렀는데, '함께'라는 뜻의 라틴어 *con*과 '산다'라는 뜻의 *vivo*의 합성어다. 키케로는 파이투스(Paetus)에게 보내는 서신에서 이 콘비비움을 로마인들이 함께 살아갈 수 있는 이상적인 형태로 제시하기도 했다.[171]

[자료 5. 헬라인들의 심포지움][172]

[자료 6. 로마인들의 콘비비움][173]

심포지움은 보통 다음의 절차로 진행되었다. 손님들이 도착하면 신을 벗고 하인들이 손님들의 발을 씻겼다. 단순히 청결의 의미도 있지만, 의례상 정결함의 의미도 있었다. ㄷ형태의 트리클리니움(*triclinium*)이라는 식탁에 앉게 되는데, 사회적 신분과 지위에 따라 구분해서 앉게 된다. 예수님이 혼인 잔치 비유를 들어 청함을 받았을 때 높은 자리에 앉지 말라

고 하셨을 때, 이 트리클리니움의 식탁을 염두해 두고 하신 말씀이다. 시종들이 가져다준 대야에 손을 씻고 나면, 이때부터 음식이 제공되는데 에피타이저(gustatio) ➔ 메인(prima mensa) ➔ 디저트(secunda mensa)의 순서로 제공된다. 식사가 마쳐지면 여성들은 식당 홀에서 나가게 되고, 남자들만 남아서 심포지움을 즐기게 된다.

심포지움의 시작은 의장이 식당 홀 가운데 놓여진 큰 그릇에 포도주를 붓고, 여기에 물을 넣어서 묽게 만드는 것으로 시작되는데, 의장은 투표 혹은 제비로 정해졌다. 이때 포도주를 잔에 부어 신에게 바치는 행위도 포함된다. 헌주 후에는, 포도주를 비롯해 케이크, 과일, 견과류, 달걀 등 디저트가 또 차려졌다. 여흥은 연회의 성격과 목적에 맞게 행해지게 되는데, 플룻 연주, 댄스, 곡예, 신에 대한 찬양, 시 낭송, 철학적 토론, 연극, 수수께끼 등 다양하다. 가령, 철학을 목적으로 한 콜레기움에서의 심포지움의 경우, 대화와 토론으로 이어졌는데 그 주제는 참석자들 모두가 쉽게 나눌 수 있는 것이었다.

심포지움을 마칠 때 행해지는 것으로는 종교적 청결을 위해 재를 태운다든지, 혹은 건강을 관장하는 로마의 여신 살루스(Salus)에게 기도하며 헌주와 찬양을 바치기도 했는데, 살루스는 그리스의 여신 히게이아(Hygeia)에 해당한다.

1세기 그리스 철학자였던 플루타르크는 심포지움의 기본적인 정의를 내리면서 "주연의 친목"(the fellowship of the drinking party)을 제시하기도 했다.[174] 하지만 그의 표현처럼 연회 참석자들은 단순히 식당 홀 가운데 놓여진 포도주만을 공유한 것은 아니었고, 대화의 주제 역시 모두에게 공유되어야 했다. 여기서 '친목'에 사용된 헬라어 단어는 코이노니아(κοινωνία)로, 종종 경제적인 협력 관계를 지칭했다.[175] 즉, 물질을 서로서로 나누는 것(communal sharing)이 코이노니아라 볼 수 있다. 사도행전 2장 42절의 "서로 교제하고"에서 교제(fellowship)에 해당되는 헬라어 역시 코이노니아로, 교제는 서로서로 나눈 것의 결과적인 행위로 볼 수 있다.

고린도 교회의 성만찬은 헬라-로마 사회의 에라노스(ἔρανος)라 불리는 공동 저녁 연회로 볼 수 있다. 단어 뜻 그대로, 가족 혹은 개인이 먹을 음식은 각자가 가지고 오는 형태의 식사로, 영어로는 potluck supper라 부른다. 램프(Lampe)라는 학자는 에라노스 연회와 고린도 성만찬을 아래와 같이 비교하며 설명하기도 했는데, 설득력 있는 주장이다.[176]

헬라-로마 에라노스 연회	고린도 교회 성만찬
신에 대한 찬양	
식사함 ('첫 번째 식탁'이라 부름)	부유한 신자가 먼저 식사를 함
휴식	
'두 번째 식탁' 시작 희생 제사와 신에 대한 기도	떡에 대한 축복과 나눔 그리스도에 대한 기도
'두 번째 식탁' 식사함 (종종 이후 도착한 손님도 함께 식사함)	성만찬 (일부는 먹지 못함)
포도주 항아리를 섞음, 헌주, 노래	잔에 대한 축복
포도주 마심, 대화, 노래, 기타 여흥	잔을 나눔, 찬양, 가르침, 예언 등 (고전 12, 14)

[도표 9. 헬라-로마 에라노스 연회와 고린도 교회 성만찬 비교]

참고로, 심포지움은 문학의 한 형태를 일컫는 용어이기도 한데, 이 형태의 최초의 작품은 BC 4세기에 기록된 플라톤의 『향연』이며, 대표적인 작품으로는 1세기 후반 헬라 문인이었던 플루타르쿠스의 『일곱 현인의 향연』을 말할 수 있다.[177] 기독교 최초의 작품으로는 3세기 후반 메쏘디우스(Methodius)의 작품, 『향연』(*Symposium*)을 들 수 있다.[178] 메쏘디우스는 리키아(Lycia) 지방 올림푸스(Olympus)의 감독으로, 4세기 초 디오클레티아누스 핍박 때 순교한 것으로 알려져 있다.[179]

메쏘디우스의 『향연』은 테르메수스(Termessus) 출신으로 그의 후견인이자 제자인 한 귀부인에게 바쳐진 작품이다. 총 11장으로 구성된 이 작품은 낭독하는 데만 대략 4-5시간이 소요된다.[180] 기독교의 삶에서의 독신 생활을 논하는 것이 주요 내용이지만, 알레고리적 성경 해석 방법, 천년주의 특성, 천문학의 거짓됨, 인간의 자유 의지, 세상 역사의 의미, 기도, 유혹을 무찌르는 방법에 대한 실제적 교훈 등 다양한 내용을 담고 있다.[181]

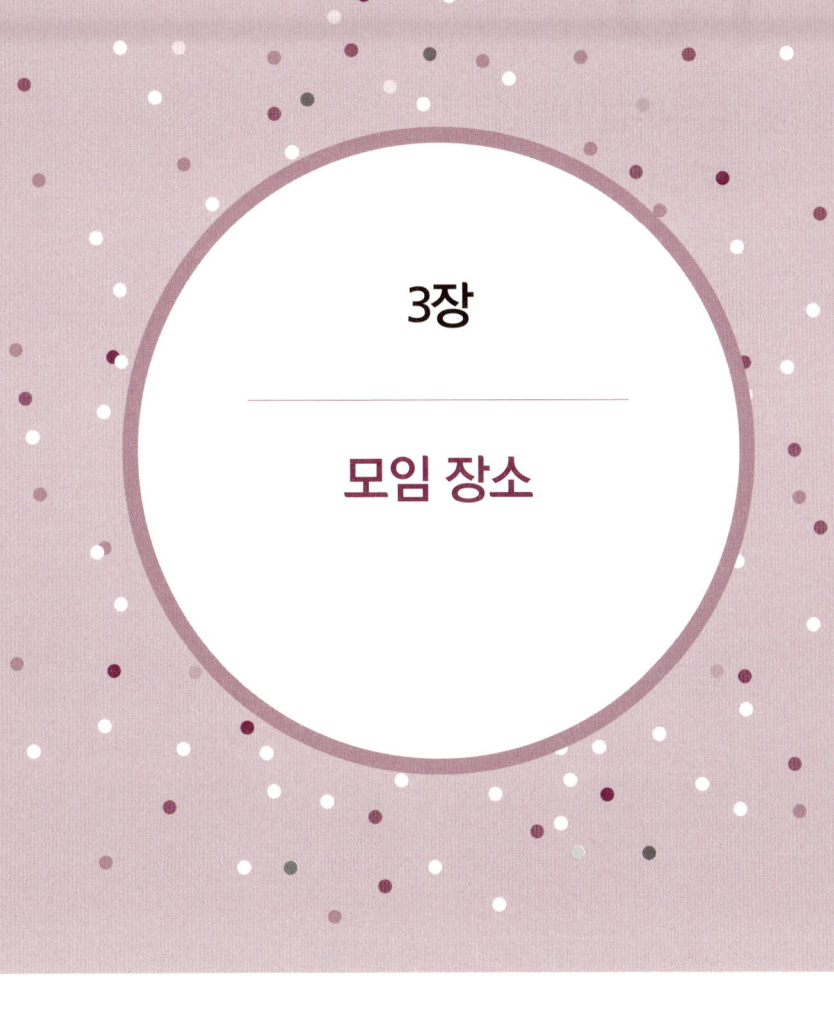

3장

모임 장소

13

초기 기독교인들과 가옥에서의 모임

예수님 부활 후 기독교인들이 처음 모였던 곳은 예루살렘 한 가옥의 "다락방"(행1:13, ὑπερῷον)이었다. 대략 120명이 모였다고 기록하는데, 이 가옥은 과연 어떤 형태의 건물이었을까? 블루(Bradley Blue)라는 학자는, AD 70년에 파괴된 궁전 맨션(Palatial Mansion)을 언급하면서 이곳에 11m×6.5m 크기의 응접실과 세 개의 연결된 방들이 있었던 점을 근거로, 이 다락방 역시 그 같은 맨션과 같은 건물이었다고 추정하기도 했다.[182] 아담스는, 당시 예루살렘에는 궁전 맨션과 같이 화려하고 웅장한 주택들은 소수에 불과했다는 점을 들어 블루의 견해에 반대하는데, 그는 120명의 신자가 한 주택의 공간에 모였다는 성경의 기록에도 다소 회의적이다.[183]

하지만, 비록 웅장한 규모는 아닐지라도 당시 유대인들의 가옥 구조와 기능을 보면, 120명이 모인 다락방은 한 가옥에 딸린 공간으로 충분히 볼 수 있다. 유대인들의 가옥은 보통 2층 구조로 된 집이었고, 때론 3층 구조의 집들도 있었다. 단층의 집은 보통 지붕 위에 혹은 마당에 다른 방을 짓기도 했는데, 이는 자녀가 결혼을 해서 함께 거주하거나, 혹은 결혼한 딸이 자녀 없는 과부가 되어 집으로 돌아와 살 때 따로 방을 지어주었던 것으로 흔히 있는 일이었다.[184]

제2성전 시기 기록된 유대교 문헌에 따르면, 2층은 소규모 공동체의 모임 장소로 다양한 용도로 사용되었는데 공동체의 축제, 교제의 용도로, 혹은 토라의 연구, 교육의 장소로도 사용되었다.[185] 이런 점을 종합해보면, 다락방이 있던 주택은 제자들이 함께 거주하기 위해(행 1:13), 아마도 임대했던 아주 큰 가옥으로 볼 수 있다.

이와 비슷한 규모의 가옥으로 제자들과 신자들이 모인 곳은 사도행전 12장 12절의 "마리아의 집"(τὴν οἰκίαν τῆς Μαρίας)으로 볼 수 있다. 상당히 큰 집으로 안쪽 마당과 방들 그리고 집 밖 도로 사이의 완충(buffer) 역할을 했던 입구가 있었던 것으로 보인다.[186] 아주 넓은 공간이 있었던 마리아의 집은 예루살렘 교회에 속했던 하나의 가정 교회로 핍박의 시기에는 은밀한 예배처소로도 사용되었던 것으로 보인다.[187] 초기 기독교가 헬라로마 사회에서 하나의 종교로서 공식적인 인정을 받지 못한 상황에서, 신자의 가옥만큼 안전한 장소는 없었을 것이다.

하지만, 가옥에서 모인 이유는 여러 가지 편의를 제공한 점 때문이기도 한데, 특히 성만찬을 행하기에 식탁 공간이 있는 가옥은 최상의 장소였을 것이다. 헬라-로마인들의 가옥에서 일반적으로 가장 큰 공간은 보통 음식을 먹었던 식탁 공간이었다. 아래 사진은 로마에서 남쪽으로 약 30km 떨어진 항구 도시 오스티아 안티카(Ostia Antica)에 발견된 식탁 공간인데, 길고 낮은 세 개의 긴 의자가 ㄲ 형태로 배열되어 있다. 각 의자에는 보통 세 명이 앉았고, 세 개(τρία)의 의자(κλίνη)라고 하여 이 공간을 라틴어로 트리클리니움(triclinium)이라 불렀다.

가장 낮은 의자(lectus imus)라 불리는 A쪽은 주인과 그의 가족, 중간 의자(lectus medius)라 불리는 B, 그리고 가장 높은 의자(lectus summus)라 불리는 C는 손님을 위한 자리로 배정되며, 귀한 손님의 경우 주인(A1)의 옆 B3에 보통 앉게 된다.[188] 그리고 지위와 계급이 높은 사람이 일반적으로 왼쪽부터 자리하게 되는데, 왼쪽이 상석인 것은 왼쪽 팔꿈치를 받쳐 비스듬히 기댈 경우 오른쪽 열린 공간을 확보했기 때문인 것으로 보인다.[189] 누가복음 14장에 보면, 예수님은 혼인 잔치 비유를 통해 높은 자리에 앉지 말라고 하셨는데, 트리클리니움의 C 자리를 가리키는 것으로 볼 수 있다.

[자료 7. 트리클리니움, 오스티아 안티카][190]

그렇다고 초기 그리스도인들이 가옥에서 성찬을 나눌 때 이와 같은 배열로 앉았다고 볼 수는 없다. 성찬은 신자들이 예수님의 죽음과 부활에 동참으로써 서로 연합이 되게 하는 주요 예식으로, 신분과 인종에 있어서 그 어떤 구별도 두지 않았다. 이 점은 바울이 고린도 교회에 했던 권고, "떡이 하나요 많은 우리가 한 몸이니 이는 우리가 다 한 떡에 참예함이라"(고전 10:17)라는 말에서도 확인된다. 실제 고린도 교회에는 신분이 낮은 하층민 계층이 많았고, 유대인, 헬라인 등 다양한 인종으로 구성된 공동체였는데, 성찬은 이 같은 신분 계층과 인종 구분을 없애는 큰 역할을 했던 것이다(고전 1:26; 12:13). 이런 점 때문에 초대 교회 성도들은 성찬을 종종 "아가페"(love-feast, ἀγάπη)라 부르기도 했다.[191]

바울이 드로아에서 강론하며 기독교인들이 떡을 떼며 교제했던 장소로 "윗 다락"(ἐν τῷ ὑπερῴῳ)을 언급한다(행 28:8). 이 다락은 도무스 가옥보다는 아파트 건물 혹은 여러 세대에게 임대된 인술라 건물에 있던 것으로 추정된다.[192] 로마인들의 가옥은 크게 세 가지로 설명할 수 있는데, 단독 주택 형태의 도무스(domus), 여러 세대가 함께 거주하는 공동 주택 형태의 인술라(insula), 그리고 비교적 부유층이 살았던 빌라(villa)가 그것이다. 이 중에서, 도무스 가옥의 경우 보통 면적은 184㎡로 창문이 없는 경우가 많고, 햇빛은 건물 중앙 천장이 뚫린 사각형 모양의 안뜰(atrium)을 통해서 들어온다.[193] 안뜰 옆에는 작은 연못이 있고 이를 중심으로 부엌, 식당을 비롯한 여러 방들이 서로 마주 보고 위치한다.

인술라는 오늘날의 20-25m 높이 되는 아파트로 볼 수 있는데, 아래층은 상가로 사용되었다. 폼페이에서 발견된 인술라 건물(Insula Occidentalis)이나 헤르쿨라니움에서 발견된 인술라 건물(Augustan Insula Orientalis)의 경우, 40명에서 80명 혹은 그 이상의 인원이 모일 수 있었던 비교적 큰 공간이었다.[194] 머피-오코너(Murphy-O'Connor)는 초기 가정 교회는 그 규모가 작았고 30-40명이 최대였을 것이라 주장하기도 했는데,[195] 큰 공간을 가진 인술라에서 모였다고 한다면, 그의 주장은 설득력을 잃게 된다.

[자료 8. 재현된 인술라, 오스티아][196]

현대의 집 구조와는 달리, 로마인들의 대부분 가옥 구조에서는 사적인 삶의 공간 개념이 희박했다. 로마의 집들은 분주한 길목을 끼고 지어졌고 길목에 위치한 집의 공간들은 상가로 사용되었는데, 손님들은 언제든 자유롭게 집 안으로 들어올 수 있는 구조였다. 이 점은 기원전 1세기 로마의 건축가였던 비트루비우스가 잘 말해주고 있는데, 그는 침실, 식탁 공간, 욕실은 초대받지 않고서는 들어올 수 없었던 반면 현관, 안뜰, 안뜰을 둘러싼 열주랑(peristylium)은 그 어느 누구도 심지어 밤중에라도 들어올 수 있었다고 기록하고 있다.[197]

로마의 가옥이 이처럼 개방적인 구조를 가진 것은, 집 주인들의 공적, 사회적, 경제적, 정치적 활동들이 이루어지는 공간이 개인의 집이었기 때문인데, 이런 이유로 주인으로부터 초대를 받든 그렇지 않든 모든 이들이 자유롭게 드나들 수 있었다. 사도 바울이 고린도 교회에, "온 교회가 함께 모여 다 방언으로 말하면 알지 못하는 자들이나 믿지 아니하는 자들이 들어와서 너희를 미쳤다 하지 아니하겠느냐"(고전 14:23)는 권고는 이와 같은 가옥의 구조를 염두해 두고 한 말이다.

초기 그리스도인들이 맨 처음 모임 장소로 선택한 곳이 바로 이와 같은 주거 형태의 공간으로, 로마서에 언급된 아리스도불로의 가정 교회(롬 16:10), 나깃수의 가정 교회(롬 16:11)나 혹은 빌레몬의 가정 교회(몬 1:2) 등은 그 대표적인 예로 볼 수 있다.

14

가옥만이
초기 기독교인들의 모임 장소였을까?

영국의 신약학자인 아담스(Edward Adams)는 최근 초기 기독교 모임장소와 관련해 아주 흥미로운 책을 출판했다. *The Earliest Christian Meeting Places*라는 제목의 저서로 그 부제를 "Almost Exclusively Houses?"라 달았는데, "거의 대부분이 가옥들뿐이었는가?"라고 번역할 수 있다.[198] 부제가 시사하듯 가옥만이 최초의 기독교 모임 장소로 부각될 필요가 없다는 저자의 주장을 엿볼 수 있고, 그는 문헌적 혹은 고고학적 자료를 토대로 상점, 식당 홀, 창고, 대중목욕탕과 같은 가옥 이외의 장소들에서도 기독교인들이 모였다는 점을 밝히고 있다.

아담스의 주장처럼, 초기 기독교인들의 회집 장소로 다양한 공간이 사용되었다. 먼저, 상점의 경우를 들 수 있는데, 그 대표적인 사례가 브리스길라와 아굴라의 교회이다. 바울이 고린도에 이르렀을 때 이들의 집에 머문 적이 있는데, 성경은 그 이유를 바울과 이들이 동종 업계에 있었다는 것, 곧 텐트를 만드는 일(σκηνοποιοί)이었다는 점을 들고 있다(행 18:3). 당시 텐트의 일반적인 재료가 동물 가죽이었다는 점에서 이들의 직업은 가죽 공예 장인(leather worker)으로 볼 수 있다.[199]

그렇게 1년 6개월 동안 이들 부부는 생업을 같이 하며 말씀을 배웠는데(행 18:11), 이후 이들 부부는 바울과 함께 에베소에 이동했고, 여기서 아볼로에게 하나님의 도를 더 자세히 풀어서 가르치기도 했다(행 18:18-19, 26). 이때가 AD 51년이다. 브리스길라와 아굴라와 관련해, 고린도전서 16장 19절에서는 "그 집에 있는 교회"(τῇ κατ᾽ οἶκον αὐτῶν ἐκκλησίᾳ), 로마서 16장 5절에서는 "저의 집에 있는 교회"(τὴν κατ᾽ οἶκον αὐτῶν ἐκκλησίαν)를 각각 언급하는데, 바로 에베소와 로마에 각각 있었던 이들의 모임 장소를 칭한 것으로 가옥보다는 상가 건물로 보인다. 이런 상가 건물에는 보통 주거용 다락방에 연결되어 있거나 혹은 뒤에 작은 주거 건물이 있었다.[200]

로마 제국 도시에서 가장 흔히 볼 수 있는 건물은 타베르나(*taberna*)라 불리는 상가이다. 이들 상가들은 물건을 만들기도 하고 또한 같은 장소에서 파는 공간으로 주거용 공간은 아니었다. 폼페이에서만 타베르나 건물이 총 577개나 발견이 되었는데, 이 수는 폼페이 도시 총 주거용 건물의 40% 이상을 차지한다.[201] 타베르나 건물은 보통 직사각형 구조로 되어 있고 입구는 2-3m로 그 폭이 넓었다. 여러 개로 이루어진 타베르나 건물들은, 주거용 형태의 건물이나 혹은 다른 용도의 건물로 병합되기도 했다.

고대 로마의 다층 주택이었던 인술라(*insula*) 건물의 경우 맨 아래층은 상가 건물로 사용했는데, 그 공간이 넓은 경우에는 30명까지 수용할 수 있었다.[202] 그렇다면, 브리스길라와 아굴라가 사용한 이 상가 교회에 모인 기독교인들의 수를 최대 30명으로도 산정할 수 있다.

[자료 9. 폼페이 dell'Abbondanza 길에 위치한 상가 골목, *(하) 재현된 그림]²⁰³

상가 건물이 초기 기독교인들의 모임 장소로 사용되었다는 점은 2세기 후반 이교도 철학자였던 켈수스의 기록에서도 발견된다. 177-80년 사이에 『참말씀』이라는 작품을 통해 기독교를 비판하면서, 기독교인들의 가르침이 행해지는 장소로 양모 의상, 제화공 수선, 무두장이 상점을 언급했다. ²⁰⁴ 그가 활동했던 지역이 로마 혹은 알렉산드리아였다는 점을 감안한다면, 대도시에 밀집해 있던 일부 상가 건물이 기독교인들의 회집 장소로 사용되었던 것이다.

[자료 10. 오스티아 다이아나 집 거리에 있는 상가][205]
※ 입구 좌우 벤치는 손님들을 위한 자리임

또한 기독교인들은 모임의 장소로 식당 홀, 호텔 건물의 식당 홀, 창고, 대중목욕탕과 같은 장소를 임대해 사용했던 것으로 보인다. 비록 이를 뒷받침할 만한 직접적인 고고학적 증거 자료는 극히 소수에 불과하지만, 문헌적 자료들은 일부 참고할 수 있다.

2세기 중엽의 변증가였던 『유스티누스 순교록』에 보면, 로마 시장 루스티쿠스(Q. Iunius Rusticus, 162-68)는 그를 심문하며 어디서 모임을 갔느냐고 물었는데, 유스티누스는 로마에 도착한 후 줄곧 미르티누스(Myrtinus)의 목욕탕 위에 거주했으며 이곳에서의 모임 외에는 그 어느 장소도 알지 못한다고 답했다.[206] 유스티누스가 언급한 목욕탕은 발네움 형태의 목욕탕으로 보인다.

고대 로마 목욕탕은 일반적으로 발네움(*balneum*)과 테르마(*therma*) 두 개로 구분된다. 어원적으로 볼 때 테르마는 온탕에서의 목욕을 발네움은 그렇지 않은 것을 말한다. 하지만 일반적으로는 크기 면에서 다소 작고 덜 화려한 것을 발네움(balneum)이라 칭하는 반면, 웅장하고 화려한 목욕탕을 테르마(therma)라 칭한다. 전자는 대부분 개인이 소유했던 시설물이었던 반면, 후자의 경우 황제의 가족이나 지방 정부 혹은 도시 차원에서 건립되었다. 테르마는 목욕을 할 수 있는 건물 외에도 도서관, 강의실, 체육관, 사당 등 다양한 부속 건물들이 있어서 대중들에게 즐거움을 제공하기도 했다.[207]

이탈리아를 비롯해 로마 제국 전역에서 쉽게 볼 수 있는 것이 발네움 형태의 목욕탕 건물이었다. 발네움의 일반적인 건축 구조를 보면, 두 곳으로 구분이 되어 있는데 한 곳은 직사각형 모양의 목욕탕들이 늘어서 있었고, 다른 한 곳은 체육이나 운동을 할 수 있는 뜰이 있었다. 수라 목욕탕(Baths of Sura) 역시 이런 구조의 발네움인데, 스나이더(Snyder)라는 학자는 유스티누스의 목욕탕 형태를 이것으로 보았다.[208]

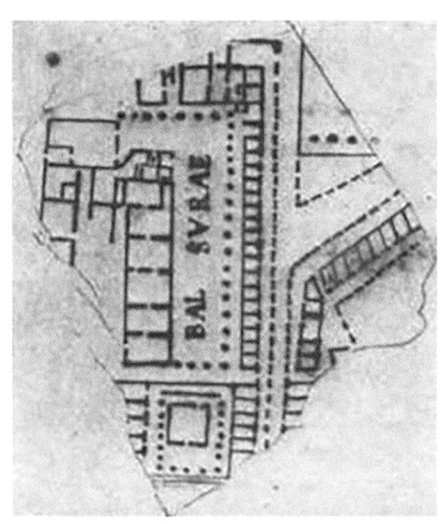

[자료 11. 수라 목욕탕 평면도][209]

로마 사회에서 목욕탕은 몸을 씻고 여가를 즐기는 곳뿐만 아니라 "사회 생활의 중심지"(social centers)였다는 점과 또한 주로 개인이 소유한 점을 보면,[210] 유스티누스는 마르티누스의 목욕탕을 임대해 그리스도인들의 모임의 장소로 사용했을 가능성이 아주 높으며, 임대한 때는 영업 시간대가 아닌 이른 아침이나 저녁 무렵으로 보인다.

시대를 벗어나지만, 목욕탕에서 기독교인들이 모임을 가졌다는 증거는 콘스탄티누스 이후 문헌에서도 발견된다. 한 예로 4세기 후반 요한 크리소스톰이 콘스탄티노플에서 추방되었을 때, 그의 제자들 역시 교회에서 쫓겨났는데 이들이 부활절 예식을 지낸 곳이 바로 공중목욕탕이었다.[211]

초기 기독교들의 모임 장소로 호텔 역시 사용되었다. 폼페이의 호텔 건물들(VII.11.11-14) 중에 정문이 있는 북쪽 건물(VII.11.11)의 아트리움에 숯으로 "Christianos"이란 난필(亂筆)의 낙서가 있다.[212] 누가 그리고 어떤 이유로 쓴 것인지는 알 길이 없으나, 호텔(hospitium)에 기독교인들이 머물렀다는 점은 분명하다. 아담스는 호텔에서 공간을 빌려 기독교인들이 모임을 갖지 않았을까 추론하기도 했는데,[213] 반박할 큰 이유는 없다.

『베드로 행전』에 보면, 여관에 거주했던 두 여인을 소개하고 있는데 이들은 마술사 시몬의 가르침에 유혹되지 않은 그리스도인들이었다.[214] 잠시 머문 것이 아니었음을 볼 때, 이 두 여인은 이곳 호텔에서 상당 기간 거주하면서 정통 교리를 배우고 가르친 것을 염두해두면 기독교인들이 모였을 가능성이 크다.[215]

지하 묘지 카타콤(Catacomb) 역시 그리스도인들의 주요 모임 장소로 사용되었다. 특히, 로마 세바스티안 카타콤을 보면 기독교인들이 성만찬을 가졌다는 고고학적 증거가 생생하게 남아 있다. 참고로, 장례지에서 그리스도인들이 성만찬을 나누었다는 최초의 기록은 『요한행전』 85에 나타나는데, 요한이 빵을 묘지에 가져다가 형제들과 나눈 뒤 다시 헤어졌다는 내용이다.

이 카타콤 안에는 23x18m 정도 되는 방이 발견되는데, 방 옆으로 안뜰과 식당이 있다. 트리클리아(triclia)라 불리는 이 식당에는 길다란 세 개의 의자가 있는데 낮고 등받이가 없다. 또한 많은 비문들(inscriptions)이 새겨져 있는데 225년에서 300년 사이에 기록된 것으로 보인다.[216] 성만찬과 관련된 비문들의 예를 보면, "3월 19일, 나, 파르테니우스는 하나님 안에서 성찬을 가졌고, 또한 우리들 모두 그랬다", "베드로와 바울에게, 나, 토비우스 코엘리우스는 성찬을 가졌다" 등이 있다.[217]

[자료 12. 세바스티안 카타콤의 트리클리아][218]

정리하자면, 초기 기독교인들은 모임의 장소로 다양한 곳을 사용했는데, 2세기 중반까지는 보통 상점, 상가 건물, 식당 홀, 창고, 대중목욕탕 등을 사용했다. 카타콤을 비롯한 묘지 또한 모임 장소로 빈번하게 사용되었다. 초대 교회는 가능한 장소라면 어디서든지 모여서 예배를 드리며 말씀을 배우고 성찬을 나누었다. 그러기에 초대 교회를 가정 교회라 지칭해 가옥만을 주된 장소로 사용했다고 강하게 주장하기에는 무리가 있다.

15

에베소의 두란노 서원은 어떤 곳이었을까?

　에베소에 도착한 바울은 먼저 유대인의 회당에서 복음의 메시지를 전했다. 이때 일부 유대인의 반대와 비방이 생기자, 바울은 "두란노 서원"이라는 곳으로 그 장소를 옮겨 2년 동안 매일 강론했다(행 19:9-10). 소아시아 지방의 모든 유대인과 헬라인들이 그 메시지를 들었다고 하니, 바울이 얼마나 많은 수고와 헌신을 했을지 짐작하고도 남는다.

　과연, 두란노 서원은 어떤 장소였을까? 헬라어 성경에서, 두란노(Τύραννος)는 사람 이름을 지칭하는 단어로 보이며, 서원이라는 헬라어 스콜레(σχολή)는 여가, 휴식, 학교, 공부 등의 다양한 뜻을 가진 단어이다.[219] 스콜레를 라틴어로는 *schola*라 하는데 영어 school의 어원이 된다.

　영어 성경의 경우, NIV는 "lecture hall"(강의 홀), KJV와 NASB는

"school"(학당/학교)로 각각 번역하는데, 단어의 의미를 볼 때 다소 넓은 공간을 전제하고 있는 듯하다. 집을 뜻하는 오이코스(οἶκος)라는 용어를 사용하지 않은 것으로 보아, 두란노 서원은 주택에 있는 방이나 어떤 공간은 아니었음에 분명하다.

두란노 서원이 어떤 곳이었는지, 이에 대한 학자들의 의견은 다양하다. 스트레란(Strelan)의 경우, 두란노는 한 유대인 교사의 이름이며, 그가 운영하는 스콜레는 회당과 직접적인 관계에 있었던 유대교의 한 시설이라 주장했다.[220] 호슬레이(Horsely)는 조금 다른 각도에서 주장하는데, 스콜레는 두란노라는 인물의 후원 아래 모이는 그룹의 사람들을 지칭하는 것으로, 강의는 이들의 여가 시간에 주어졌다고 설명한다.[221]

스트레란과 달리, 텔베(Tellbe)는 두란노를 유대인이 아닌 이방인의 이름으로, 스콜레는 단체의 모임이나 혹은 강의 홀로 주장했는데, 바울이 유대인과 헬라인 모두에게 말했던 점에 근거해 모든 사람이 모일 수 있는 중립적인 곳이라 여겼다.[222] 말허버(Malherbe)는 이 장소가 조합(guild)이나 학교로 사용되었다고 그 사용 대상을 넓혀서 추측하기도 했다.[223]

다양한 이견들을 종합해 보면, 스콜레는 교육을 할 수 있는 공간 혹은 건물이 확실하고 바울이 2년 동안 가르친 점도 이 견해를 뒷받침한다. 두란노는 어떤 그룹이나 조합의 이름을 지칭하기보다는 건물주 혹은 교사의 이름을 가리키는 것으로 정리될 수 있다.[224]

그렇다면, 바울이 가르쳤던 스콜레는 당시 헬라-로마 사회에서 어떤 종류의 건물이었을까? 결론부터 말하자면, 라틴어로 페르굴라(*pergula*)라 불리는 공간이라 볼 수 있다.[225] 페르굴라는 상점 건물에 딸린 다락방 형태의 공간을 말한다. 상점 건물을 라틴어로 타베르나(*taberna*)라고 하는데, 헬라-로마 사회에서 아주 흔히 볼 수 있는 건물 형태이다. 폼페이의 경우 40% 이상, 헤르쿨라네움의 경우 30% 이상이 타베르나 건물이었다.[226] 페르굴라는, 타베르나의 바닥으로부터 연결된 계단을 통해서 올라갈 수 있었는데, 통풍과 빛도 연결되어 있어서 많은 경우 주거 공간으로도 사용되었다.

[자료 13. 타베르나에서 페르굴라로 통하는 계단, 헤르쿨라네움][227]

페르굴라는 교육용으로도 사용되었는데, 폼페이 '포티투스의 집'으로 알려진 타베르나가 그것이다. 아래 사진에서 보듯이, 25㎡의 다소 작은 공간에 두 개의 방이 나뉘어져 있다. 뒷방 남동쪽 코너에 페르굴라로 올라갈 수 있는 돌계단이 있었는데, 이곳은 문법을 가르친 교육 공간이었다.[228]

[자료 14. 포티투스의 집으로 알려진 타베르나, 폼페이][229]
※ 앞방의 일부 공간과 뒷방 전체로, 뒷방 모서리에 돌계단의 흔적이 있음

다세대 주택 1층에 있는 타베르나의 경우 그 공간이 꽤 넓었는데 많게는 30명까지 수용할 수 있었고,[230] 이곳의 페르굴라 역시 수십 명이 모이기에 충분한 공간이었을 것이다. 바울이 2년 동안 날마다 제자들을 가르쳤던 두란노 서원이, 바로 타르베나에 딸린 페르굴라의 공간으로 볼 수 있다.

베자 사본(Codex Bazae)에는 바울이 "제5시부터 10시까지" 가르쳤다고 되어 있는데, 현재의 오전 11시부터 오후 4시까지에 해당된다.[231] 로마인들의 경우 보통 12시에 점심을 먹었고, 여름철의 경우 점심을 먹고 나면 낮잠을 즐겼는데 그 시간은 제7시(현재 12시부터 1시 15분)로 메리디아티오(meridiatio)라 불렀다. 그렇다면 바울은 일상의 교육 시간대를 피해서 두란노 서원을 임대했고, 사람들이 낮잠을 즐기는 시간대를 이용해 강론을 펼쳤다고 볼 수 있다. 하루 4시간씩 일주일에 5일을 가르쳤다고 가정한다면, 바울은 2년 동안 무려 2,000여 시간을 가르침에 투자한 것이다. 제자 양성에 있어서 얼마나 많은 노력과 헌신을 쏟아부었는지 볼 수 있는 대목이다.

16

케파르 오트나이 교회는
어떤 곳이었을까?

 2003-2005년 사이 약 900평에 달하는 케파르 오트나이(Kefar 'Othnay)라 불리는 고대 유대인의 한 마을이 발굴되었다. 이 지역은 갈릴리와 사마리아의 경계선에 위치했는데, 남쪽으로는 사마리아 언덕, 북쪽으로는 이즈르엘 계곡(Jezreel Valley)을 끼고 있어 주변의 주요 도시들로 통하는 길목에 위치한 주요 거점이었다. 이 케파르 오트나이 지역에 20x30m 크기의 한 건물이 발견되었는데, 대략 230년에 지어진 것으로 추정된다.[232] 로마의 군대 혹은 로마 정부가 소유한 건물로, 로마 장교들의 관사로 사용되었고 군대 보급용 빵을 생산하는 공간도 발견된다. 이 건물의 곁채에 모자이크로 바닥이 그려져 있는 집회 장소가 발견되는데, 이곳이 바로 일명 '그리스도인의 기도실'(Christian Prayer Hall)로 불리는 기독교 모임 장소이다.

이 장소의 크기는 5x10m로, 동쪽에 출입문이 있고 들어오면 주실로 통하는 작은 방들이 두 개 있다. 석회암으로 된 모자이크 무늬의 바닥에는 잘 보존된 그림과 세 곳에 글귀들이 각각 새겨져 있는데, 모두 헬라어로 기록되어 있다. 바닥의 중간에는 60x70cm 크기의 다듬어진 두 개의 돌이 붙여져 세워져 있는데, 벽기둥의 크기와 차이가 나며 그 위치도 아치가 놓이는 지점에서 떨어져 있는 것으로 보아 기둥이 아니라 성찬식 때 사용된 테이블로 보여진다. 바닥 그림에서 눈에 띄는 것은 두 마리의 물고기인데, 물고기는 초기 기독교의 중요한 상징으로 예수를 지칭하거나 성찬식과 세례식의 묘사에서도 흔히 볼 수 있다. 세 곳에 새겨진 각각의 글귀들을 차례로 살펴보자.

[자료 15. 재현된 케파르 오트나이 교회][233]

먼저, 가이아누스(Gaianus) 글귀는 37x287cm 크기의 긴 직사각형 모양에 세 줄에 걸쳐 기록되어 있고 글자의 크기는 8-10cm 정도 된다. 비둘기 모양의 그림이나 "우리의 형제"라는 표현에서 기독교적인 특성을 분명히 볼 수 있다. 글귀의 내용은, "가이아누스, 또한 포르피리우스라고 불리며, 백부장이며 우리의 형제인 그는 관대한 마음에 자비로 이 바닥을 만들었고, 브루티우스가 공사를 했다"이다. 가이아누스는 당시 로마의 백부장으로 그의 헬라식 이름은 보라색을 뜻하는 포르피리우스(Porphyrius)였음을 알 수 있다.

실제 바닥 공사를 한 인물로 브루티우스(Brutius)가 소개된다. 아마도 그는 전문적인 기술을 가진 로마 군인이었거나 아니면 노예에서 해방된 자유민으로 브루투스(Brutus)라는 로마의 명문가 이름을 딴 지역민이었을 가능성이 크다. 물론 브루티우스 또한 그리스도인이었다는 가능성은 배제할 수 없다.

[자료 16. 가이아누스 글귀][234]

Line 1. Γαιανὸς ὁ καὶ Πορφύρι(ο)ς (ἑκατοντάρχης) ἀδελφὸς ἡμῶν φιλο

Line 2. τειμησάμενος ἐκ τῶν ἰδίων

Line 3. ἐψηφολόγησεν. Βροῦτι(ο)ς ἠργάσετα[ι]

가장 분명한 기독교적 특성을 지닌 것은 아켑투스(Akeptous) 글귀인데, 67x80cm의 크기에 다섯줄에 걸쳐 7.5-9cm의 크기의 글자들이 기록되어 있다. 그 내용은 다음과 같다. "아켑투스, 하나님을 사랑하는 자, 하나님이신 예수 그리스도에게 이 테이블을 바칩니다. 기념하며." 아켑투스는 남성의 이름일까 아니면 여성의 이름일까? 라틴어 이름 중에서 '매우 사랑을 받다' 혹은 '환영받다'라는 뜻을 가진 남성형과 여성형은 각각 Acceptus와 Accepta이다. 아마도 Akeptous는 헬라어 -ους의 형태로 불리어진 여성형의 이름으로 보인다.

아켑투스 글귀에서 특이한 점은 노미나 사크라(nomina sacra)의 단어가 사용된 점이다. 고대 필사자들은 약어 표기 시 다양한 방법을 사용해 필사하는 시간과 종이의 공간을 활용했다. 크게 여섯 가지 형태의 방법이 사용되었는데, 한 문자를 다른 문자 위에 두는 상위 배치법(superposition), 문자들을 서로 교차하여 나열하는 병합법(combination), 단어의 끝 문자를 생략하는 끝 생략법(suspension), 단어의 중간 문자들을 생략하는 중간 생략법(contraction), 상징법(symbols), 다양한 부호법(various signs) 등이 그것이다.[235] 이 중에서 고대 기독교 문헌에서 발견되는 단축 형태의 약어는 중간 생략법인데, 통상 라틴어로 nomina sacra라 칭하며 '성스러운 명칭'이라는 뜻이다.[236]

일반적으로 헬라권 기독교 필사자들 사이에서 전통적으로 사용된 노미나 사크라는 15개로 그 주격 형태는 아래와 같다.

ἄνθρωπος	$\overline{ΑΝΟΣ}$	Ἰησους	$\overline{ΙΣ}$	πνευμα	$\overline{ΠΝΑ}$
Δαυίδ	$\overline{ΔΑΔ}$	κύριος	$\overline{ΚΣ}$	σωτήρ	$\overline{ΣΗΡ}$
Θεός	$\overline{ΘΣ}$	μήτηρ	$\overline{ΜΗΡ}$	σταυρός	$\overline{ΣΤΣ}$
Ἰσραήλ	$\overline{ΙΗΛ}$	οὐρανός	$\overline{ΟΥΝΟΣ}$	υἱός	$\overline{ΥΣ}$
Ἰερουσαλήμ	$\overline{ΙΛΗΜ}$	πατήρ	$\overline{ΠΗΡ}$	Χριστός	$\overline{ΧΣ}$

[도표 10. 노미나 사크라, *주격 형태]

이 중 아켑투스 글귀에서 사용된 노미나 사크라는 하나님과 예수 그리스도라는 단어이다. 예수에 대한 아켑투스의 고백은 "하나님이신 예수 그리스도"라는 짧은 표현으로 나타나는데, 특히 예수의 신성을 명확히 한 신앙고백임을 알 수 있다. 초기 기독교 문헌에서는 잘 발견되지 않는 칭호로, 예수의 신성이 확립된 325년 니케아 공의회 훨씬 이전에, 이미 이런 표현을 사용한 점은 눈여겨 볼 만하다.

테이블을 지칭한 헬라어 τραπεξα는 고전 10:21의 '주의 만찬'(τραπέζης κυρίου)에 사용된 단어와 동일한데, 아켑투스가 헌납한 이 테이블은 성찬용으로 사용되었음에 분명하다.

Line 1. Προσήνικεν
Line 2. Ἀκεπτοῦς
Line 3. ἡ φιλόθεος
Line 4. τὴν τράπε
Line 5 ζαν Θ(ε)ῷ Ἰ(ησο)ῦ Χ(ριστ)ῷ
Ling 6. μνημόσυνον.

[자료 17. 아켑투스 글귀][237]

마지막으로, 여인의 글귀는 38x86cm의 직사각형 모양에 7-7.5cm 크기의 글자들이 새겨져 있다. 그 내용은, "프리밀라, 퀴리아카, 도로테아를 기억하라. 또한 크레스테를 더욱 기억하라"이다. 프리밀라(Primilla)는 첫째라는 뜻의 라틴어 primus에서 유래한 이름으로 Preimilla로 변형되어 나타나기도 한다. 퀴리아카(Cyriaca)는 주인에게 속한 자, 도로테아(Dorothea)는 하나님의 선물이라는 뜻으로 초기 기독교인들에게서 볼 수 있는 흔한 이름들이다.

이 네 명의 여인들을 특별히 기념하는 이유는 정확히 알 길이 없다. 순교자이기 때문일 수도 있고, 아니면 욥바의 여 제자 도르가(행 9:36-43)처럼 이들의 헌신적인 선행과 사랑의 실천 때문일 수도 있다. 노예 혹은 자유민인 크레스테를 특별히 더욱더 기억하라는 점을 볼 때 후자의 이유가 더 근접해 보인다. 하지만 가이아누스와 아켑투스의 경우처럼 교회를 위해 이들이 무엇인가를 헌납했기 때문은 아닌 것으로 보인다.

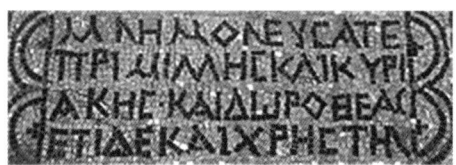

Line 1. Μνημονεύσατε
Line 2. Πριμίλλης καὶ Κυρι
Line 3. ακῆς καὶ Δωροθέας
Line 4. ἔτι δὲ καὶ Χρήστην

[자료 18. 여인의 글귀][238]

그렇다면, 케파르 오트나이의 그리스도인의 기도실은 언제 만들어진 것일까? 지아스(Zias)는 콘스탄틴 황제 이전에는 로마 장교직에 있던 기독교인들이 공개적으로 자신의 신앙과 이름을 모자이크에 새겼을 가능성은 희박하다고 하면서 후기설을 주장하고,[239] 아담스 역시 지아스의 의견을 받아들여 콘스탄티누스 대제 이전에 지어졌다는 것에 회의적인 태도를 보인다.[240]

비록 콘스탄틴 이전에 살았던 그리스도인들이 비문에서 고인과 그 가족들의 신앙을 드러내는 것에 조심했지만 그렇다고 그 고고학적 증거들이 전혀 없는 것은 아니다. 이른 시기에 기록된 두 가지 대표적인 예를 들면, 하나는 180년경, 브리기아 지방의 히에라폴리스의 감독이었던 아비르키우스 마르켈루스(Avircius Marcellus)가 자기 자신을 기념하기 위해 세운 묘비이다. 다른 하나는 마르쿠스 아우렐리우스 프로세네스(Marcus Aurelius Prosenes)의 석관으로 그는 217년에 이 세상을 떠났는데, 석관 뒷면에 "프로세네스, 하나님에게 받아들여진"이라는 글귀가 있다. 또한 기독교에 다소 우호적인 태도를 보였던 세베루스 알렉산더(Severus Alexader, 222-35) 황제 통치하에서 그리스도인들은 자신의 신앙을 어느 정도 표현했을 것이다.

이런 점을 고려해 볼 때, 케파르 오트나이 교회의 공간이 건립된 시기를 본 건물이 지어진 때인 230년으로 보는 것은, 세베루스 통치의 시기임으로 충분히 설득력 있는 주장이다. 만약 초기설이 받아들여진다면, 케파르 오트나이 교회는 두라-유로포스의 교회 건물보다 2, 3년 앞선 것으로 현존하는 가장 오래된 기독교 집회 장소의 고고학적 증거가 되는 셈이다.

17

두라-유로포스 교회는
어떤 곳이었을까?

 시리아의 에스-살리리야(As Salhiyah)에서 유프라테스강을 따라 약 8km 정도 남쪽으로 내려가면 두라-유로포스(Dura-Europos)라는 고대 유적지가 나온다. 이 유적지는 제1차 세계 대전이 끝난 후 얼마 지나지 않던 1920년, 영국 군인들에 의해 우연히 고대 벽화들이 발견되면서 처음으로 세상에 알려졌다. 본격적인 발굴은 1922-23년 벨기에 고고학자 프란스 큐몽(Franz Cumont)에 의해 시작되었고, 1928년부터는 러시아의 고대사학자 로스토프체프(Michael Rostovtzeff)와 프랑스 고고학자 모리스 필레(Maurice Pillet)의 합류로 발굴이 활발해졌다.[241] 그 결과, 유대교 회당을 비롯한 기독교 예배당, 미트라 신전, 목욕탕, 포럼, 총독 주거지 등의 다양한 유적과 유물이 드러났다. 발견의 이면에 숨은 그 역사적 가치의 중요성은, 로스토프체프가 1937년에 기고한 글의 제목, "시리아 사막에서의 폼페이"(La Pompei del deserto siriaco)라는 표현에서 쉽게 짐작할 수 있다.

[자료 19. 두라-유로포스 기독교 건물 유적지][242]

두라는 요새, 산성이라는 뜻을 가진 셈족어(Semitic)인데 헬라인들은 유로포스라 불렀고, 오늘날에는 두 단어를 합성한 두라-유로포스라 알려져 있다. 참고로, 두라가 로마의 지배에 들어간 때는 AD 165년이었고 그 이후 로마군의 주요 국경 주둔지가 되었다. 그러다가 256/7년 사산 왕조에게 넘어가게 되는데, 쟁탈된 도시는 아무도 살지 않는 버려진 땅이 되어 오랜 세월 불어온 사막 모래에 묻혀 역사 속에 잊혀져왔던 것이다. 이곳은 기독교적으로도 아주 중요한 유적지인데, 가옥을 개조시킨 형태의 한 기독교 건물이 발견되었기 때문이다. 그 개조된 시기는 232/233년으로 알려져 있다.[243]

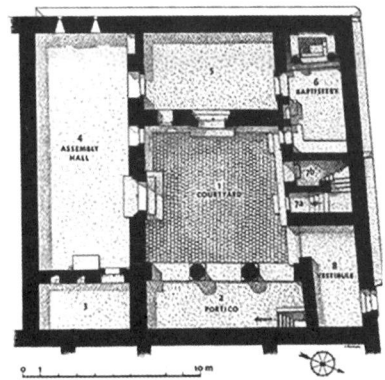 

[자료 20. 재현된 두라-유로포스 교회][244]

두라-유로포스의 기독교 공간은 당시 몇 가옥들을 제외하고는 가장 큰 건물이었다. 안뜰을 포함하여 총 여덟 개의 방으로 구성되어 있었는데, 두 방을 합쳐 큰 공간(4)으로 개조해 이곳을 모임을 위해 사용했다. 동쪽 벽면에는 단상이 위치에 있다. 이 공간의 크기는 대략 12.9x5.15m로 65-75명을 수용한 것으로 보인다.[245] 당시 두라의 인구를 6,000-8,000명으로 본다면,[246] 기독교인의 비율은 대략 1%에 해당된다.

230년경 시리아 지역에서 기록된 『사도들의 가르침』에 보면, 교회 모임 시 자리 배정에 대해 설명하고 있다.[247] 곧, 장로들은 건물의 동쪽 편에 앉고 감독의 자리는 장로들 가운데 위치했다. 남녀 신자들은 각각 따로 앉는데, 젊은이와 노인들 역시 따로 앉는다. 남자 어린이들은 한쪽 편에 서 있어야 하고 여자 어린이들 또한 따로 앉는다. 결혼해서 자녀가 있는 여인들, 노년의 여성이나 과부들도 서로 구별해서 앉는다. 각자 정해진 자리에 앉는지를 확인하는 것은 집사들의 몫이고, 이를 따르지 않을 경우는 훈계를 주어야 했었다.

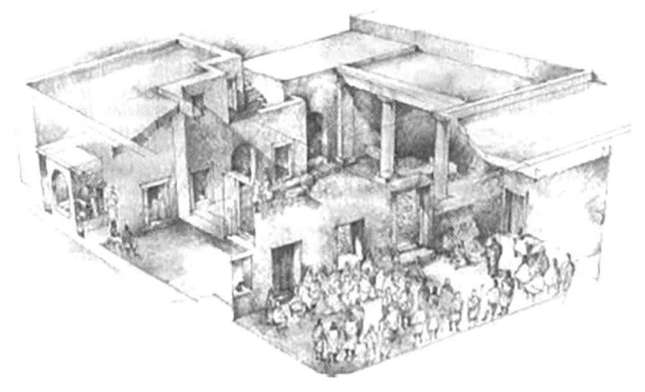

[자료 21. 재현된 두라-유로포스 교회 건물과 회집 된 기독교인들][248]

일부 공간(3, 5)은 그 용도가 분명치 않는데, 이 중 하나가 세례 입문자(catechumens)를 위한 방이었다. 이들은 이곳에서 감독의 설교를 들었지만, 신자들의 성만찬에는 참여할 수 없었을 것이다. 건물 중간에 위치한 안뜰 바닥(1)은 타일로 덮여져 있는데 아마도 이전 화장실로 사용되었던 곳을 메운 곳으로 보인다.

가장 많이 개조된 공간은 북서쪽 코너에 위치한 세례소(6, baptistery)이다. 세례수가 있는 곳은 가로 1.6m 세로 1m의 직사각형 형태로 그 깊이는 대략 1m 되며, 세례수 위 벽면은 아치 모양으로 되어 있다.[249] 세례수 뒤 아치 모양의 벽면(서쪽) 아래에는 두 개의 그림이 있다. 하나는 양을 어깨에 맨 목자와 그 앞에 십여 마리의 양떼의 모습이다. 잃은 양을 찾는 목자의 비유(눅 15:3-7; 마 18:12-14)를 담은 이미지로 볼 수 있다. 또 다른 하나는, 에덴동산 나무 양 옆으로 서 있는 아담과 하와의 모습인데 선악과 열매에 각각 손이 닿아있고, 발 아래로 뱀의 모습이 보인다. 아담과 하와 각각 손으로 주위 부위를 가린 것으로 보아 선악과 범죄 이후의 모습으로 보인다. 두 이미지 모두 세례를 통해서 얻게 되는 새 창조와 에덴동산의 회복을 상징하는 것으로 보인다.[250]

북쪽 벽에는, 예수님의 기적 사건을 담은 몇 그림이 있는데, 중풍병자를 고치는 장면, 물 위를 걷는 장면, 폭풍을 잠잠케 하는 사건이 그것이다. 그 아래로는 횃불을 쥔 세 명의 여인이 삼각형 지붕 모양을 한 장막으로 다가가는데, 장막 양쪽 끝에는 큰 별이 있다. 예수님의 무덤에 찾아간 세 여인의 모습(막 16:1-8)을 담은 것인지, 슬기로운 다섯 처녀 중 세 명의 모습(마 25:1-13)인지 분명하지는 않다.[251]

남쪽 벽에는 수가성 우물가의 사마리아 여인, 다윗과 골리앗의 그림이 새겨져 있다. 전자의 경우, 물은 예수님과 사마리아 여인의 대화에서 주요 주제로 예수님으로부터 주어지는 "영생하도록 솟아나는 샘물"(요 4:14)이 강조되고 있다. 교부들은 이 본문의 이야기를 종종 물 세례와 관련시켜 설명하기도 한다. 가령, 테르툴리아누스는 예수님은 여인과의 대화의 결론을 그 자신이 주는 영원한 물로 이끌어갔다고 말하고 있다.[252] 4세기 시리아의 유명한 교부 에프렘은 "내가 주는 물을 마시는 자는 영원히 목마르지 아니하리니"(요 4:14)라는 예수님의 말씀을 인용하며 "거룩한 세례"(holy baptism)라 부르고 있다.[253]

[자료 22. 세례소 벽화]²⁵⁴

크라우트하이머라는 학자의 분류에 따르면, 두라-유로포스 교회 건물은 '도무스 에클레시아이'(*domus ecclesiae*)에 해당되었는데, 교회의 집을 뜻하는 라틴어 명칭이다.²⁵⁵ 참고로, 그는 바실리카 이전 초대 교회 건물의 발전을 세 단계의 시기로 나누어 설명한 바 있는데, 그 첫 시기는 AD 50-150년으로 개인의 가옥, 예루살렘 성전, 회당 등 모임에 적절한 장소면 어디서든지 모였다고 설명한다. 두 번째 단계는 150-250년으로, 가정집을 개조, 확대한 건물에서 모였다고 주장하면서 이를 도무스 에클레시아이라 불렀던 것이다. 물론 이 용어는, 키르쉬(Johann Peter Kirsch)에 의해서 먼저 사용되었는데 그는 3세기 이전 가옥 교회 형태에 기반을 둔 교회 건물로 성직자의 주거 공간이 있는 곳을 도무스 에클레시아이라 지칭했었다.²⁵⁶

마지막 세 번째 단계는 250-313년으로 이 시기 기독교인들은 순교자를 기념하는 묘지나 공개된 장소에 세워진 건물, 혹은 강당과 같은 큰 건물을 사용했다고 한다. 크라우트하이머의 이론은 화이트(White)에 의해서 수정, 발전되었는데 그는 첫 시기를 가정 교회(the house church), 세 번째 시기를 아울라 에클레시아이(*aula ecclesiae, hall of church*)라고 각각 명명했다.²⁵⁷

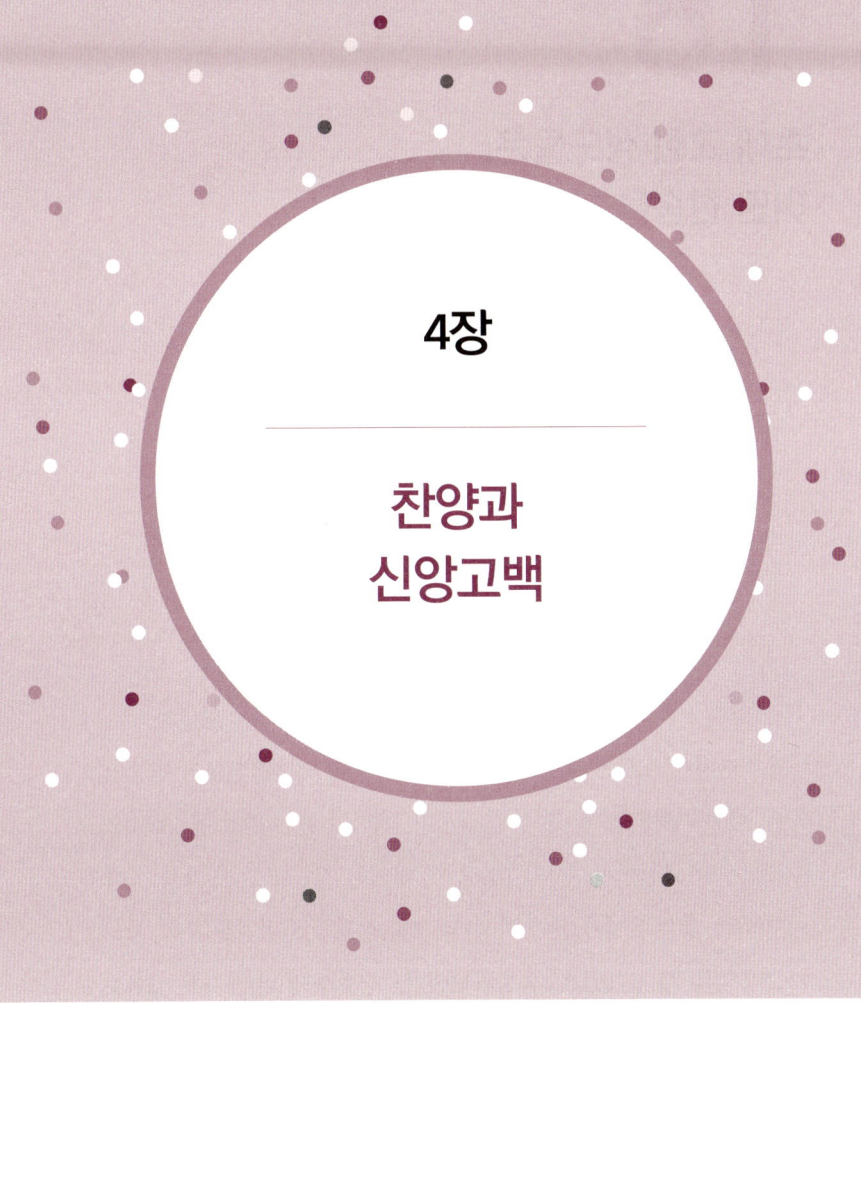

18

초대 교회 성도들은
어떤 찬송을 불렀을까?

    우리나라에 소개된 최초의 찬송 중에서 현재까지 가장 많이 애창되는 곡은 "예수 사랑하심은" 536장일 것이다. 캐나다 출신 말콤 펜윅(Malcolm Fenwick, 1865-1935) 선교사가 1890년에 번역한 것인데 당시 가사는 현재의 것과는 많은 차이가 난다.[258] 한국 교회에 최초로 편찬된 찬송가는 감리교의 『찬미가』로 1892년에 출판되었다. "구쥬셩톄 피흐르니"(새찬송가 143장 "웬말인가 날 위하여"), "예수일홈 권셰치하"(36장 "주 예수 이름 높이어"), "쥬 사랑 내 알기는"(536장 "예수 사랑하심은") 등 총 27편의 가사를 담고 있다.[259]

    그렇다면, 초대 교회 성도들은 어떤 찬양을 제일 먼저 불렀을까? 아마도 누가복음 1장 46-55절 마리아의 찬양을 꼽을 수 있을 것이다. 예수를 잉태한 것을 깨달은 마리아는, "내 영혼이 주를 찬양하며, 내 마음이 하나님 내 구주를 기뻐하였음은"을 시작으로 긴 찬양을 불렀다. 라틴어로는 *Magnificat anima mea Dominum*로 시작되는데, 첫 글자를 따서 '마그니피카트'(the Magnificat) 찬양이라 부른다.[260]

"찬송하리로다 주 이스라엘의 하나님이여 그 백성을 돌보사 속량하시며"로 시작되는 세례 요한의 아버지 사가랴의 찬양(눅 1:68-79)도 있다. 이 역시 라틴어 첫 글자를 따서 '베네딕투스'(the Benedictus) 찬양이라 부른다. "주재여 이제는 말씀하신 대로"로 시작되는 시므온의 찬송(눅 2:29-32)은 칼빈의 『제네바 시편송』에도 포함되어 있는데 『사도적 헌법』에서는 저녁 예배 때 사용되는 찬양으로 소개된다.[261]

아래는 '글로리아'(the Gloria) 찬양인데, 예수의 탄생을 알리는 천사의 노래다.[262]

> 지극히 높은 곳에서는 하나님께 영광이요
> 땅에서는 하나님이 기뻐하신 사람들 중에 평화로다.

알렉산드리아 사본에는 글로리아 찬양이 아래와 같이 기록되어 있는데 내용이 확장된 것을 알 수 있다.[263]

> 지극히 높은 하늘에서는 하나님께 영광이요
> 땅에서는 하나님이 기뻐하시는 사람들에게 평화로다
>
> 당신을 노래하며 당신을 축복하네
> 당신을 찬양하며 영광을 돌리네

당신의 위대한 영광을 감사하네

주 하나님, 하늘의 왕, 전능하신 성부 하나님
주, 독생자, 예수 그리스도
성령 하나님

주 하나님, 하나님의 어린양, 아버지의 아들
세상 죄를 지시고 우리를 긍휼히 여기시는 분
세상 죄를 지시고 우리의 기도를 받으시는 분
아버지 우편에 앉아 우리를 긍휼히 여기시는 분

당신만이 홀로 거룩하시며 홀로 주와 그리스도 되시네
성부 하나님의 영광을, 아멘.

아타나시우스(Athanaius, 295-373)는 아침 기도 중에 글로리아 찬송이 불러졌다고 언급하는데,[264] 이 점은 4세기 문헌인『사도적 헌법』에서도 발견된다.[265] 확장된 형태의 글로리아 찬양이 사용된 때는 아마도 3세기 후반 혹은 4세기로 볼 수 있다.

예수님은 제자들과 함께 마지막 유월절 만찬을 하시고 "찬미하고"(막 14:26, ὑμνήσαντες) 감람산으로 나아가셨다. 유월절 만찬을 찬양으로 마쳤다는 것을 보여준다. 이때 부른 찬양을 할렐(Hallel) 시편(113-118편)으로 보기도 한다. 고린도 교회에는 찬송시(ψαλμός), 말씀, 계시, 방언, 통역도 있었는데, 바울은 이 모든 요소들은 교회의 덕을 세우는 데 사용이 되어야 한다고 권고했다.[266]

에베소서(5:19)와 골로새서(3:16)에서는 "시(ψαλμός), 찬미(ὕμνος), 신령한 노래(ᾠδή πνευματικός)"가 언급되고 있다. 각기 다른 장르의 노래를 말한 것인지, 혹은 단순히 용어의 차이인지는 불분명하다. 일부 학자는 시는 구약의 시편 찬송(psalms)을, 찬미는 송가(canticles) 즉 모세의 노래(출 15:1-19), 하박국의 기도(합 3:2-19)와 같은 노래를 가리키고, 신령한 노래는 성경에 없는 찬양(non-scriptural hymns)으로 구분하기도 한다.[267] 헬라어 ψαλμός와 비슷한 용어인 ψαλμῳδία는 원래 하프와 같은 현악기와 함께 부르는 노래를 뜻했으나, 언제부터인가 헬라어를 말하는 신자들 사이에서는 악기 없이 시편을 읊조리는 것을 칭했다.[268] 그 외 신약 성경에서 발견되는 주요한 찬양으로는 빌립보서 2장 6-11절, 골로새서 1장 15-20절, 디모데전서 3장 16절, 히브리서 1장 3절을 들 수 있다.[269]

초대 교회 찬양과 관련해 교부들의 이야기를 들어보자. 먼저 히폴리투스는 성찬 때 할렐루야 시편(104-06, 111-13, 115-7, 135, 145-50)을 부르며 회중들은 '할렐루야'로 회답한다고 말한다.[270] 테르툴리아누스는 주일 모임에서 시편을 노래하는 것은 일상적인 것이며, 또 다른 작품에서는 다윗의 시편들이 불려진다고 언급한다.[271] 외경인 『바울 행전』에서도 금욕주의 형태의 성찬이 끝난 후에 관례대로 다윗이 쓴 시편을 노래한다고 증언한다.[272] 이때가 200년경으로, 아마도 이 시기쯤 시편의 찬송이 한 권의 찬송가집(a song-book)으로 편집되어 교회 예배에서 사용된 것으로 추측된다.[273]

'기쁨의 빛'이라는 뜻의 포스 힐라론(Φῶς ἱλαρόν, Phos Hilaron)은 3세기 기록된 찬양이지만, 그 전 2세기부터 사용된 것으로 보인다. 바질의 기록에 따르면, 포스 힐라론은 고대의 찬양으로 등불을 들고서 동방 교회 저녁 기도회 때 사용되었다고 한다.[274] 아래와 같이 짧은 1연으로 구성되어 그 내용은 삼위일체에 대한 찬양으로 되어 있지만, 성자 예수에 중점을 두고 있다.

> 불멸하는 아버지의, 거룩한 영광의 기쁨의 빛이여
> 하늘 거룩한 복되신 예수 그리스도여
> 해질 때 나아가, 저녁 빛을 보며
> 성부 성자 성령 하나님을 찬양합니다
> 당신은 언제나 즐거운 소리로 찬양받기에 합당하십니다
> 하나님의 아들, 생명을 주시는 분이여
> 모든 만물이 당신께 영광을 돌립니다.[275]

알렉산드리아의 클레멘트가 작성한 '그리스도 구주에 대한 찬송'(Hymn to Christ the Saviour)은 이전의 찬양과 비교해 볼 때 그 내용과 형식에 있어서 많은 차이가 난다. 고대 그리스 찬양시들의 운율과 많은 헬라의 문학적 표현으로 되어 있다는 점 때문인데,[276] 클레멘트는 기독교 진리를 당시 헬라 시인과 철학자들의 형태로 표현한 것이라 볼 수 있다. 클레멘트의 이 찬양은 기독교로 막 개종한 신자들을 위해 190년경 그가 쓴 작품, 『교사』의 마지막 부분에 수록되어 있다.[277] 총 7연 66행으로 이루어진 이 찬양은 6연까지 그리스도를 형용하는 묘사를, 그리고 마지막 7연에서는 교회를 향한 연속된 훈계의 내용으로 이루어져 있다.[278] 2-3연의 내용을 보자.

> 전능하신 말씀, 지극히 높으신 아버지의
> 지혜의 지배자, 노동의 휴식

모든 슬픔을 가라앉히는 자
모든 시간과 공간의 주
예수, 우리 생애의 구세주

우리를 지키시는 목자
경작하는 농부, 우리를 제지하는 제갈
당신의 뜻대로 우리를 인도하는 방향키
모든 거룩한 무리 하늘 날개의
당신께서 생명을 주실 사람의 어부
죄의 악한 바다에서, 거센 싸움에서,
인생의 달콤한 미끼로 잡은 순결한 물고기를 모으시네.

 찬송은 신자 개인의 삶에서도 불려졌다. 클레멘트의 알렉산드리아에 따르면, 신자는 식사 전에는 기도, 찬양, 성경을 읽고, 식사 중에는 "시편(psalms)과 찬송(hymns)"을 부르는데 잠자리에 들기까지 계속된다고 말한다.[279] 테르툴리아누스는 기록하기를, 기독교 신자인 남편과 아내는 자신의 가정에서 "시편(psalms)과 찬송(hymns)"을 노래한다고 말한다.[280] 그는 또한 흥미로운 사실도 말하는데, 기독교인과 비기독교인과의 결혼이 금지된 것은 이들이 함께 노래, 즉 찬양을 부를 수 없기 때문이라는 것이다.[281] 『사도적 헌법』에 보면 에베소서 5장 19절을 인용하면서,[282] 과부들이 갖추어야 할 덕목 중 하나로 "찬송하는 것"(ψαλλεῖν)을 언급한다.[283]
 네포스(Nepos)는 디오니시우스(Dionysius, 248-268)를 이어서 알렉산드리아의 감독이 되었는데, 그는 "많은 찬송가집"(πολλῆς ψαλμῳδίας)을 쓴 것으로 알려져 있고 많은 신자들이 이 찬송가집을 기쁘게 여겼다고 한다.²⁸⁴ 물론 네포스의 찬송집이 어떤 것을 말하는 것인지 정확히 파악할 길은 없다.

초대 교회에서 찬양을 인도했던 전문적인 찬양자(singer)가 있었는가? 이에 대한 기록은 없다. 유대 공동체의 경우에는 시편을 노래하는 자가 실제로 있었는데, AD 3-4세기의 것으로 추정되는 가이아노스(Gaianos)의 묘비에 보면 그를 "서기관, 시편을 노래하는 자, 율법의 애호가"로 기록한다.²⁸⁵ 유대교처럼 초대 교회에도 전문적인 찬양자가 있었다는 가능성은 전혀 배제할 수 없다. 만약 존재했다면, 그 시기는 초기보다는 교회 조직이 다소 안정되게 이루어졌던 후반이었을 것이다.

19

『솔로몬의 송가』를 통해서 본 초대 기독교인들의 찬양

위경(pseudepigraphical works)으로 분류되는 『솔로몬의 송가』(Odes of Solomon)는 42개의 초기 기독교 찬양을 수록하고 있는 송가집이다. 책명에서 영어 오데스(odes)는 송시(頌詩)를 뜻하는 헬라어 오데(ᾠδή)에서 나온 것으로 영어의 복수 형태이다. 이 작품이 언제, 어디서, 어떤 언어로 기록되었는지 정확히 알려져 있지 않다. 일반적으로 2세기 초 시리아 지방에서 기록된 것으로 보고 있는데,[286] 이를 경우 가장 오래된 기독교 찬송 모음집이 된다.

20세 초 일부 학자들은 『솔로몬의 송가』를 몬타누스파의 것이라 보기도 했지만,[287] 이 견해는 더 이상 지지를 받지 못하고 있다. 피어스(Pierce)는 『솔로몬의 송가』를 특별히 세례식에 사용된 찬양가라고 주장하기도 했는데, 비둘기의 하강, 성령으로 태어남, 새 피조물, 기름 부음, 물 등과 같은 내용들에 근거해서다.[288] 비록 이 같은 내용들이 나타난다고 해서, 『솔로몬의 송가』를 굳이 세례식에만 국한될 필요는 없어 보인다. 오히려, 세례를 포함한 예배 때 사용된 찬송을 모아 한 권으로 편찬한 것으로 볼 수 있다.

『솔로몬의 송가』에는 세례와 관련된 이미지에서부터, 구원의 지식과 관련된 내용들, 성육신과 십자가 처형, 부활을 비롯한 그리스도의 구속의 사역, 성령의 사역 등 다양한 주제와 내용들이 나타난다. 그 분량에 있어서도 한 편에 짧게는 3절(27, 32), 4절(13), 길게는 24절(11), 26절(7)까지 있다. 비록 1편의 끝에는 보이지 않지만, 42개의 모든 찬양이 "할렐루야"로 끝나고 있다.『사도적 전통』25에도, 감독이 시편을 낭독할 때 모든 회중들은 "할렐루야"로 화답하라고 언급하는데, "할렐루야"는 선창에 대한 회중의 응답송으로 보인다.

먼저 예수와 관련해서는 어떤 내용으로 불려졌는지 살펴보자. 아래는 그리스도의 성육신을 찬양한 한 예이다.

> 그가 나같이 되셨네
> 그래서 나는 그를 영접할 수 있네
> …
> 나의 모습처럼 그가 되셨네
> 그래서 나는 그를 이해할 수 있네
> 나의 형상처럼 되셨네
> 그래서 나는 그를 떠나지 않을 수 있네(7:4-6)

예수가 받은 세례는 다음과 같이 묘사된다.

> 비둘기가 우리의 주 메시야의 머리 위를 날고 있었네
> 그분이 새의 머리가 되시네
> 새는 그분 위에서 노래하고, 그 소리는 들렸네(24. 1-2).

비둘기가 나는 것과 소리는, 공관복음에 묘사된 예수가 세례를 받을 때 성령이 비둘기같이 임한 것과 "이는 내 사랑하는 아들"이라는 하늘의 음성을 연상케 한다(마 3:16-17; 막 1:9-11; 눅 3:21-22).

그리스도는 사탄과 악의 세력을 무찌른 자로 찬송되기도 한다. 22편에는 그리스도는 "일곱 머리가진 용"(the dragon with seven heads)을 무찌른 자로 묘사된다(22. 5). 요한계시록에 등장하는 머리가 일곱 개, 뿔이 열 개 달린 용의 모습이다(계 13:1; 17:9). 42편에는 그리스도가 음부에(Sheol)의 깊은 곳까지 내려갔다고 하면서 죽음의 세계를 박살내었음을 칭송한다(42. 11-12).

그리스도는 '태양'으로서 칭송되기도 하는데 15편의 서두를 보자.

> 태양이 낮을 찾는 자들에게 기쁨이 되듯이
> 나의 기쁨은 주가 되시네
> 주는 나의 태양이 되시네
> 그의 광선이 나를 깨우셨고
> 그의 빛이 내 얼굴의 모든 어두움을 몰아내셨네(15. 1-2).

그리스도는 신자들을 밤으로부터 깨우며 어두움으로부터 빠져나오게

하는 구원자로서의 태양의 역할을 강조한 것이라 볼 수 있다.

빌립보서 2:6-11의 자신을 낮추심과 높아지심에 대한 찬양을 연상하는 내용도 있는데, 바로 41편이다.[289]

> 그의 말씀은 모든 길에서 우리와 함께 하시네
> 주는 생명을 주시고 우리를 거절치 않으시네
> 자기 자신을 낮추셨으나 그 자신의 의로 말미암아 높아지셨네
> 지극히 높으신 분의 아들이 아버지의 완전하심에서 나타나셨네
> (41. 11-13).

표현 중에, "지극히 높으신 분의 아들"(the Son of the Most High)은 『솔로몬의 송가』에서 단 한 번 나타나는 것으로 "지극히 높으신 분"은 성부를 일컫는다. "하나님의 아들"(Son of God)이라는 표현은 총 두 차례에 걸쳐 표현된다(36. 3; 42. 15).

삼위일체에 대한 묘사도 풍부하게 나타난다. 가령 19편에서는,

> 우유 한 잔이 나에게 주어졌네
> 주의 친절하심의 달콤함에 마셨네
> 아들은 잔이 되시네
> 아버지에게서 우유가 짜여지네
> 성령은 그에게서 우유를 짜내시는 분이네(19:1-2).

성부는 젖가슴으로 우유를 만들어내고, 이 우유는 성령에 의해서 짜내지고, 이 구원의 우유는 성자로 묘사되는데, 흥미로운 비유다. 이 같

은 표현들은 알렉산드리아의 클레멘트도 사용하는데, 그는 "아버지의 우유"(milk of the Father), "달래는 젖가슴"(pacifying breasts)이라는 표현을 사용하기도 했고,[290] 로고스를 우유에 빗대어 말하면서 피가 우유로 변형되었다고 설명한다.[291]

성령은 구원과 연관되어 언급된다. 가령, 6편에서는 구원을 "영원한 생명수"(the ever-living water)라 부르며(6.18), 온 지구를 덮은 거대하고 넓은 강물의 물을 목마른 모든 자들이 마실 것이며, 이를 마신 자는 마른 혀가 되살아나며 중풍병자가 다시 일어날 것(6.8-11)이라며 찬양한다. 30편에서는 다음과 같이 찬양하는데, 모두 수가성 우물가의 여인과 예수와의 대화(요 4:10-14)를 연상케 하는 찬양이다.

> 너희 자신을 위해 주의 생명 샘에서 물을 길어라
> 너희를 위해 열려져 있느니라
> 목마른 모든 자들아 와서 물을 마시고
> 주의 생명 샘에서 쉬어라(30.1-2).

11편의 찬양도 눈여겨 볼만하다.

> 말하는 물이 내 입술에 닿네
> 자애로운 주의 샘에서 나온 것이라네
> 나는 마셨고 취하게 되었네
> 죽지 않는 생명수로부터 온 물이라네(11.6-7).

"말하는 물"(the speaking water)이라는 말은 잘 사용되지 않는 흥미로운 표현이다. 안디옥의 익나티우스 역시 이 표현을 사용한 바가 있다. "내 안에는 생수가 있는데 이는 말씀하는 물로써, '아버지에게로 오라'고 마음으로 나에게 말씀합니다."[292] 특별한 의미보다는, 흐르는 물은 그 소리가 있기에 말하는 물이라고 단순히 표현한 것으로 보인다.

『솔로몬의 송가』에서 발견되는 주요 특징 중 하나는 예언적 내용이다.[293] 저자는 자신의 찬양이 하나님에 의해 영감 받은 것임을 자주 언급한다(6.1-2; 10.1-3; 11.4-6; 12.1-2; 15.3-4; 16.5; 42.6). 한 예로, "바람이 하프를 타고 움직일 때, 그 현들이 말하네. 주의 성령이 나의 몸을 통해 말씀하시고, 나는 그의 사랑을 통해서 말하네"(6.1-2)라고 고백한다.

예수는 여덟 편(10, 17, 22, 28, 31, 36, 41, 42)에 걸쳐서 '말씀하시는 자'(the speaker)로 나오는데, 심지어 찬양을 부르는 자(31.3)로 묘사되기도 한다. 한 예로, 마지막 장인 42편에 보면 예수는 아래와 같이 선언한다.

> 나는 나를 사랑하는 자들과 함께 할 것이다
> 나를 핍박했던 모든 자들은 죽었고
> 나를 믿는 자들은 나를 찾았으니
> 이는 내가 살아 있음이라
> 나는 부활해 그들과 함께 있고
> 그들의 입을 통해 말할 것이다(42.4-6).

27편은 가장 짧은 찬양인데, 기도와 관련해 아주 흥미로운 사실을 제공한다. "나의 손을 내밀어 나의 주를 높이네. 뻗친 나의 손은 그분의 기호가 되네. 나의 뻗친 손은 수직으로 세워진 십자가라네. 할렐루야"(27.1-3). 내용에 있어서 조금 변형된 것이 42.1-2에서도 동일하게 발견되는데, 기도할 때 십자가 표시를 한다는 내용으로 이 같은 관행에 대한 최초의 문헌적 기록이기도 하다.

윤리적인 명령이 찬송으로 되어 있기도 한데, 20편을 보자.

> 너 자신을 흠 없이 드려라
> 너의 동정심으로 다른 이의 동정심을 억압하지 말라
> 너 자신으로 그 어느 누구도 학대하지 말라
> 이방인을 사지 말지니, 이는 그가 너와 같기 때문이다
> 너의 이웃을 속이지 말고
> 그의 벗은 몸을 덮은 겉옷을 빼앗지 말지니라(20:5-7).

이 중에서 학대하지 말라는 명령이나, 겉옷을 빼앗지 말하는 명령은 출애굽기 22장 약자에 대한 율례와 비슷하다(출 22:21; 22:26).

홍해 사건을 내용으로 한 찬양도 있는데, 주를 멸시했던 애굽의 군사들은 "격노한 강물, 주의 능력"(raging rivers, the power of the Lord)에 의해 수장되어 멸망된 반면, 주는 강물 가운데 "길잡이"(a sign)가 되어 "주의 이름으로"(in the name of the Lord) 건넌 자들의 길이 되었다고 묘사한다(39.1-7).

이 외에도, 성도들은 낙원에 심겨진 나무로 비유되며 모두가 열매를 맺는다고 말한다(11.18; 11.23). "처음부터 마지막까지"(from the beginning until the end)라는 표현도 총 세 번(6.4; 7.14; 11.4) 언급되는데, 요한계시록의 "처음과 마지막"(계 21:6; 22:13) 되신 성부와 성자를 연상케 한다.

20

옥시린쿠스 파피루스(P.Oxy. 15.1786)와 초대 교회 찬송

이집트 고대 도시 옥시린쿠스(현재 el-Bahnasa)는 파피루스가 발견된 곳으로 유명한데, 여기서 초기 기독교 찬송이 기록된 파피루스 단편(P.Oxy. 15.1786)이 발견되었다. 그 단편의 크기는 대략 30x5cm 정도로, 가사는 마지막 다섯줄만 남아 있고 악보를 포함하고 있다.[294] 물론 현대식의 악보가 아니라 당시 사용되었던 악보 형태이다. AD 3세기 말에 기록된 것으로 보이며, 이미 2세기 때부터 사용된 것으로 추정된다.

AD 303년 2월 24일에 시작된 기독교 대핍박(the Great Persecution) 때 내려진 칙령 중에, 성경책과 기독교 서적을 소각하라는 명령이 있었다.[295] 이때 성경책을 비롯해 많은 기독교 문헌들이 소각되었는데, 이 파피루스에 기록된 찬송은 압수되지 않았고 보관되어 현재까지 남아 있게 된 것이다.

고대 사회에서는 음악적으로 숙련된 전문가들이 아니고서는 악보를 그릴 수도 읽을 수도 없었다. 이런 점 때문에 악보는 다른 문헌에 비해 거의 기록되지 않았는데, 옥시린쿠스에서도 낱장으로 된 파피루스의 경우 현재까지 발견된 악보는 불과 13개에 지나지 않는다.[296] 이런 점에서, 기독교 찬송을 수록한 이 파피루스 단편은 초대 교회의 예배 음악을 보여주는 아주 중요한 고고학적 자료가 된다.

뒷면에 옥수수 청구서의 내용이 있는 것으로 보아, 이 파피루스 악보는 교회가 보관했던 악보라기보다는 기독교 신자가 개인적으로 사용하기 위해 필사된 것으로 보인다. 왜 개인적으로 이 찬양 악보가 필사되었는지, 그 이유는 알 길은 없다. 가능한 추측 중에, 옥시린쿠스 외부에 사는 기독교 음악가가 옥시린쿠스 교회를 방문했고 이 찬송을 전해주기 위해 전문가에게 맡겨 필사하도록 했을 수도 있다.[297]

옥시린쿠스 파피루스에 찬양의 내용과 악보는 다음과 같다.

[자료 23. P.Oxy. 15.1786 악보][298]

옥시린쿠스 파피루스(P.Oxy. 15.1786)와 초대 교회 찬송 145

line 1   … 뛰어나신 분 하나님 모두에게 …

line 2   .. 밤에도] 낮에도. 잠잠할지어다. 반짝이는 별들이여 빛을 내지 마라

line 3   … [몰아치는 바람이며], 요동치는 모든 강들의 [근원이여] [잠잠하라].
우리가 찬양을 할 때

line 4   성부, 성자, 성령을, 모든 권세여 대답할지어다, "아멘 아멘.
능력, 찬양

line 5   [영광을 영원히 하나님께], 모든 선한 것을 홀로 주시는 분. 아멘, 아멘."

가사 중에서, 찬양하는 동안 만물들의 침묵을 명령하는 내용은 이후 일부 기독교 문헌에도 비슷하게 나타난다. 먼저, 3-4세기에 기록된 것으로 보이는 『야고보 예전』에는 "모든 육체여 잠잠할지어다, 두려움과 떨림으로 서 있을지어다"고 말한다.[299] 5세기에 활동했던 신-플라톤주의 철학자이자 프톨레마이스의 감독 시네시우스(Synesius)의 『찬송집』에서도 발견된다. 두 군데인데 그 내용은 다음과 같다.

> 그들로 잠잠케 하라 하늘이여 땅이여
> 바다로 잠잠히 머물게 하고
> 하늘로 잠잠히 머물게 하라
> 돌풍아 멈출지어다
> 몰아치는 소란한 파도도 멈출지어다

> 거룩한 찬양을 드리는 동안에
>
> 네가 찬양과 기도할 때 땅이여 잠잠할지어다...
> 몰아치는 바람, 나무들의 소리, 새들의 재잘거림도 멈출지어다.[300]

이와 대조적인 내용이 시편에서 발견되는데, 가령 69편 34절에서는 하늘과 땅, 그리고 바다와 그 안에 있는 모든 생물들은 하나님을 찬양하라고 명령한다. 이로 보아 시편을 참고한 것으로는 보이지 않는다.

일부 학자들은 우주적인 고요함에 대한 모티브를 헬라 문학에서 차용한 것으로 주장하기도 한다.[301] 그 대표적인 예로 아폴로에게 바친 찬양을 들 수 있는데, "땅이 잠잠히 서 있으며 하늘이 잠잠히 서 있도다. 섬은 마비되고 바다의 큰 파도도 마비되었다"라고 말한다.[302] 아폴로가 세상으로 올 때 자연이 침묵 가운데 움직이지 않는 것을 묘사한 것이다.

삼위일체에 대한 내용과 관련해 보자. 먼저, 옥시린쿠스 파피루스에 나타난 "우리가 성부, 성자, 성령을 찬양할 때"라는 표현은 4세기 가이사랴의 감독이었던 바질의 작품에도 비슷하게 나타난다. 그는, 오래전부터 저녁 예배 찬송 때 불려진 찬양을 언급하면서, "우리는 성부, 성자, 하나님의 성령을 찬양합니다"라는 찬양의 가사를 언급한다.[303] 성령 앞에 "하나님"이라는 단어를 제외하곤 동일한 표현이다.

'아멘'의 경우, 옥시린쿠스 파피루스 찬양에는 두 번에 걸쳐 나타나는데, 초기 기독교 문헌에서는 최초의 사례로 보인다. 물론 두 번 '아멘'은 구약 성경에서는 여러 군데서 사용되는 반면(민 5:22; 느 8:6; 시 41:13; 시 72:19; 시 89:52), 신약 성경에는 오직 한 번 '아멘'의 경우만 발견된다(롬 16:27; 빌 4:20; 딤후 4:18; 계 7:12 등).

두 번 '아멘'은, 4/5세기 시리아 지방의 문헌인 『주의 언약』에도 나타나는데, 유월절 만찬 축복 기도를 한 후에, 청중들은 "아멘, 아멘" 화답한다고 기록되어 있다.[304] 세 번 '아멘'도 나타나는데, 알렉산드리아의 신학자 디디무스(Didymus)는 기도가 마친 후 청중들은 세 번 '아멘' (γένοιτο, fiat)으로 화답한다고 말한다.[305]

신약 성경을 비롯한 초대 교회 문헌에서 송영에 사용되는 단어는 영광, 능력, 명예, 위엄, 영원한 통치 등 다양하다.[306] 하지만, '영광'이 '영원히'라는 단어와 함께 사용된 사례는 옥시린쿠스 파피루스의 찬양이 처음이다.

하나님을 "모든 선한 것을 홀로 주시는 분"이라고 묘사하고 있는데, 이 역시 초대 기독교인들에게 다소 익숙한 개념이다. 마태는 선한 것을 주시는 분(마 7:11), 바울은 모든 것을 주시는 분(롬 8:32)으로 하나님을 소개하고 있다. 알렉산드리아의 클레멘트와 오리게네스 역시 하나님을 선한 것을 주시는 분으로 묘사한다.[307] 유세비우스의 묘사가 가장 비슷한데, 그는 하나님을 "인류를 사랑하는 분, 모든 좋은 것을 주시는 분" (lover of humanity and giver of every good thing)으로 소개한다.[308]

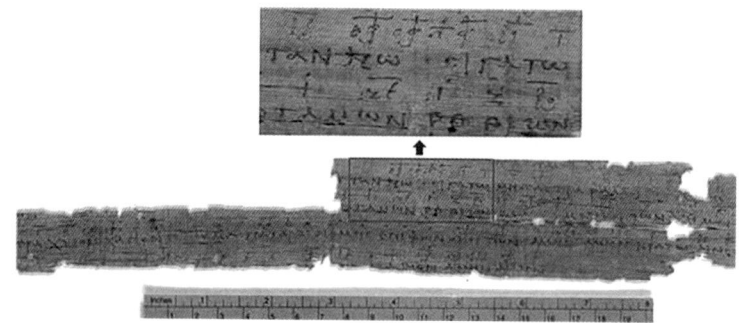

[자료 24. P.Oxy. 15.1786, 파피루스 문서 파편][309]

21
사도신경은
사도들의 신앙고백일까?

사도신경은 서방 교회의 것으로서 우리에게 가장 잘 알려져 있는 신앙고백으로, 침례교를 제외한 대부분의 개신교회와 가톨릭교회에서 고백하는 신경이다. 그렇다면, 사도신경은 그 이름 그대로 사도들의 신앙고백일까?

사도신경이 수록된 최초의 문헌은 720년 경 피르미니우스(Pirminius)가 쓴 작품, 『단일 정경 책에서의 발췌』이다.[310] 베네딕트파 수도승이었던 그는, 이 작품을 통해 세례 입문자뿐만 아니라 신자와 수도승들에게 기독교의 여러 교리를 가르쳤는데, 사도신경 또한 주요 신앙고백으로 다루었다.

이 책에 보면, 사도신경은 열두 문장으로 나누어져 있는데 각 문장마다 한 명의 사도의 고백으로 구성되어 있다. 아래에서 알 수 있듯이, 도마의 고백은 두 번에 걸쳐 있는데 그중 한 번은 가룟 유다를 대신한 것으로 보인다.

베드로	전능하사 천지를 만드신 하나님 아버지
요한	외아들 우리 주 예수 그리스도
야고보	성령으로 잉태하사 동정녀 마리아에게 나시고
안드레	본디오 빌라도에게 고난을 받으사 십자가에 못 박혀 죽으시고
빌립	음부에 내려가시고
도마	장사한지 사흘 만에 죽은 자 가운데서 다시 살아나시며
바돌로매	하늘에 오르사 전능하신 하나님 우편에 앉아 계시다가
마태	저리로서 산 자와 죽은 자를 심판하러 오시리라
알패오의아들 야고보	성령을 믿사오며
열심당원 시몬	거룩한 공회
다대오	성도가 서로 교통하는 것과 죄를 사하여 주시는 것
도마	몸이 다시 사는 것과, 영원히 사는 것

[도표 11. 피르미니우스의 사도신경에 있는 사도들 각각의 고백]

하지만 사도신경이 실제 사도들의 신앙고백으로 작성되었다는 역사적인 근거는 없다. 루피누스(Rufinus, 345-411)의 지적처럼 이는 전해 내려오는 이야기(legend)에 불과하다. 404년경 기록된 자신의 작품, 『사도신경 주석』 첫 장에서, 루피누스는 이 전설을 다음과 같이 이야기한다. 열 두 사도들이 예수님의 명령에 따라 복음 전파를 위해 흩어지기 전에 한 자리에 모여 하나의 형태로 된 신앙고백, 즉 사도신경을 만들었는데 이는 이들 각자가 전하는 메시지가 서로 다르지 않도록 하기 위함이었다는 것이다.[311] 이 사도신경이, 다른 복음을 전하는 이들과 다르다는 표식을 나타내는 사도들의 배지(badge)가 되며, 메시지의 특징(token)이 된다는 뜻에서, 라틴어로 *Symbolorum Apostolorum* (Apostles' Symbol)이라 불렸다.

그렇다면, 사도신경은 도대체 언제부터 사용되었으며, 어떤 배경에서 작성되었을까? 결론부터 말하자면, 초대 교회 세례 예식에서 세례 입문자에게 주어진 질문의 내용들이 발전되어 고백적인 형태로 정리된 것이 '구 로마신경'(the Old Roman Creed)이며, 이것이 다시 발전되어 만들어진 신앙고백이, 바로 사도신경이다.

먼저 초대 교회 세례 문답에 대해서 살펴보자. 초대 교회 세례 입문자는 연달아 세 번에 걸쳐 세례(trine baptism)를 받았는데, 이는 "아버지와 아들과 성령의 이름으로 세례를 주라"는 예수님의 명령(마 28:19)에 따른 것이다. 이 세 번의 세례는 초기 기독교 문헌에서 발견된다. 가령, 『디다케』에서는 앞의 성경 구절을 그대로 인용하면서 세례를 베풀라고 하는데, 비록 횟수는 말하고 있지 않지만 세 번에 걸친 세례로 이해할 수 있다.[312] 테르툴리아누스도 단 한 번의 세례가 아닌 세 번의 세례를 말하면서, 세례 입문자는 삼위 하나님의 이름을 각각 부를 때에 하나님에게로 잠기게 된다고 설명한다.[313]

암브로스 역시 세 번의 세례를 말하면서 각각에 해당되는 문답을 말하는데, 각각의 질문은 차례대로, "전능하신 성부 하나님을 믿습니까?", "우리의 주 예수 그리스도와 그의 십자가를 믿습니까?", "성령을 믿습니까?"이며, 세례자의 답은 "저는 믿습니다"로 세 번 모두 동일하다.[314] 이 세 가지 문답이 더 자세히 언급된 문헌이 『사도적 전통』으로, 암브로스의 언급보다 대략 175년 앞선다. 21장에서 다루고 있는데, 그 문답의 내용은 아래와 같다.

	감독/장로의 질문	세례 입문자의 답
첫 번째 질문	당신은 전능하신 성부 하나님을 믿습니까? ※첫 번째 세례가 베풀어짐	저는 믿습니다
두 번째 질문	당신은 하나님의 아들 그리스도 예수, 그분은 동정녀 마리아에게서 성령으로 나셨으며, 본디오 빌라도에게서 십자가에 못 박히시고 죽으시고 장사되시고 삼일 만에 다시 일어나시고, 죽음에서 사시고 하늘로 올라가시고 아버지의 오른편에 앉으시고 산자와 죽은 자를 심판하러 오실 것을 믿습니까? ※두 번째 세례가 베풀어짐	저는 믿습니다
세 번째 질문	당신은 성령과 거룩한 교회와 육신의 부활을 믿습니까? ※세 번째 세례가 베풀어짐	저는 믿습니다

[도표 12. 『사도적 전통』에서 본 세례식에서의 세 가지 문답]

위의 세 가지 문답의 내용이 고백적, 선언적인 형태로 발전되어 초대 교회 신자들의 신앙고백이 된 것이 구 로마신경으로, 3세기 초에 만들어진 것으로 보인다. 이 신경의 내용은 루피누스의 『사도신경 주석』과 에피파니우스(Epiphanius, 310/320-403)의 『약 상자』에서 각각 발견된다. 아래에서 살펴보겠지만, 내용에 있어서 아주 미묘한 차이가 있는데, 『약 상자』에서는 "전능하신 하나님 한 분"으로 고백되나 『사도신경 주석』에서는 "전능하신 성부 하나님"으로, 전자에는 '성부'가 빠져 있고 후자에는 '한 분'이 빠져 있다. 또한 마지막 고백에서 『약 상자』에서는 "영원히 사는 것"이 있는 반면에 『사도신경 주석』에는 빠져 있다.

루피누스의 『사도신경 주석』	에피파니우스의 『약 상자』
전능하신 하나님 한 분	전능하신 성부 하나님
영원히 사는 것	(없음)

먼저 에피파니우스의 『약 상자』에 수록된 것을 보자. 참고로 에피파니우스는 어거스틴보다 한 세대 앞선 인물로 약 36년 동안 구브로 섬 동쪽 살라미(Salamis)의 감독직에 있었다. 377년에 기록된 『약 상자』는 기독교 유사 종교뿐만 아니라 일반 종교와 사상을 포함한 총 80개의 이단이 설명되어 있는데, 에피파니우스는 신자들이 이단의 덫에 걸리지 않도록 그 예방책을 제시하며 또한 이단(독사)에 물린 자에게 해독제를 주기 위해서 이 작품을 저술했다.

구 로마신경이 수록된 부분은 마르켈루스파(Marcellians)를 다루는 부분인데, 앙키라의 감독 마르켈루스를 따르는 자들을 말한다. 그는 381년 콘스탄티노플 공의회에서 그리스도의 선재성을 부정한 것으로 인해 정죄를 받았고, 성부와 로고스는 동일한 분으로서 성육신과 구원의 사역을 위해서 단지 구분된 것에 불과하다고 가르쳤던 인물이다. 구 로마신경은 마르켈루스가 로마의 감독 율리우스에게 보낸 서신 가운데 언급되어 있다.

> 나는 전능하신 하나님 한 분을 믿습니다.
> 나는 그리스도 예수 독생자 우리의 주를 믿습니다. 그는 성령으로 잉태되어 동정녀 마리아에게서 나셨고, 본디오 빌라도에게서 십자가에 못 박혀 장사되셨고, 삼 일만에 죽음에서 다시 일어나셨고, 하늘에 오르사 하나님 우편에 앉아계시며, 거기로부터 산 자와 죽은 자를 심판하러 오실 것입니다.
> 나는 성령을 믿으며 거룩한 교회와 죄를 용서받는 것과 육체의 부활과 영원히 사는 것을 믿습니다.

[도표 13. 에피파니우스의 『약 상자』 72.3.1에 수록된 구 로마신경]

루피누스의 『사도신경 주석』에 있는 구 로마신경을 보자.[315] 루피누스는 이 작품에서 자신이 있는 동방 지역 아퀼라 교회에서 사용한 세례신경을 구 로마신경과 한 절 한 절씩 비교하는데, 신경의 내용은 아래와 같다.

나는 전능하신 성부 하나님을 믿습니다.
나는 그리스도 예수 독생자 우리의 주를 믿습니다. 그는 성령으로 잉태되어 동정녀 마리아에게서 나셨고, 본디오 빌라도에게서 십자가에 못 박혀 장사되셨고, 삼 일만에 죽음에서 다시 일어나셨고, 하늘에 오르사 하나님 우편에 앉아계시며, 거기로부터 산 자와 죽은 자를 심판하러 오실 것입니다.
나는 성령을 믿으며 거룩한 교회와 죄를 용서받는 것과 육체의 부활을 믿습니다.

[도표 14. 루피누스의 『사도신경 주석』에 있는 구 로마신경]

구 로마신경에는 '음부에 내려가시고'라는 구절은 없다. 이 문구와 관련해 루피누스는 시편에 기록된 예언이 성취된 것이라고 설명하는데, "나를 죽음의 진토 속에 두셨나이다"(시 22:15, *21:16 in Vulgate), "내가 무덤에 내려갈 때에 나의 피가 무슨 유익이 있으리요"(시 30:9, *29:10 in Vulgate), "나는 설 곳이 없는 깊은 수렁에 빠지며"(시 69:2, *68:3 in Vulgate)가 그 말씀이다.[316] 그러면서, 베드로후서 3:18-20절의 내용, 즉 노아 시대 복종치 않았던 자들이 있는 옥에 그리스도가 영으로 가신 것을 언급하면서, 음부에서의 그리스도의 사역과 연관시키고 있다.

22

초대 교회는 이단의 위협으로부터 어떻게 신앙을 지켜나갔을까?

초대 교회에는 어떤 이단들이 있었을까? 일반적으로 몬타누스파, 영지주의, 마르키온파를 이야기한다. 하지만 실제 활동했던 이단의 수는 훨씬 많았는데, 4세기 살라미의 감독 에피파니우스의 작품, 『약 상자』에 따르면 그 수만 해도 60개에 달한다.

이 중 '영지주의'(Gnosticism)는 '지식'(γνῶσις)을 뜻하는 헬라어 단어에서 파생된 용어로 하나의 이단을 칭하는 용어라기보다는 하나의 믿음 체계 혹은 사상 체계라 보는 것이 더 바람직하다. 즉, 하늘의 계시자로부터 특별하고 비밀스런 지식을 소유한 자만이 구원을 얻는다는 믿음이다.

이 영지주의와 관련해서만 무려 20개의 이단이 발생했는데, 그 시작은 시몬파(Simonians)로 알려져 있다. 시몬을 따르는 자들을 말하는데, 그가 바로 사도행전 8장에 나오는 마술사 시몬이다. 영지주의 창시자로 알려진 시몬은, 자신이 하나님의 지고한 능력으로 하늘에서 내려왔다고 말하면서 자기 자신을 일컬어 사마리아인에게는 성부, 유대인에게는 성자라고 말했다.[317] 시몬은, 자신과 함께 다녔던 헬렌이라는 여인을 통해 천사들이 창조되었고, 세상과 사람은 이 천사들에 의해서 창조되었다고 가르쳤다. 시몬파 신도들은 구약과 선지자들은 타락한 능력자들에게서 나온 것이라 보았고, 구약을 믿는 자는 반드시 죽는다고 믿었다.[318]

발렌티누스파(Valentinianism) 역시 영지주의의 중요 원리들을 따랐는데, 창시자는 발렌티누스(Valetinus, c.100-c.160)다. 이집트에서 태어나 후일 로마 교회에 출석했던 그는 로마 감독의 후보까지 오르기도 했다. 그 역시 영지주의적 사상 체계를 따랐는데 그는 인간을 세 가지로 분류해 설명한다. 첫째는 영적인 사람으로 특별한 지식을 소유한 이들은 구원이 예정된 자들이다. 둘째는 정신적인 사람으로 훈련의 과정을 통해 조금 더 나은 운명의 기회를 가질 수 있다. 대부분의 기독교 신자들이 여기에 속한다고 말했다. 마지막은 물질적인 사람으로 멸망 당할 운명에 처한 자들이다. 1945년 이집트에서 발견된 총 52편의 나그 함마디 문서(Nag Hammadi Library) 중에, 발렌티누스파의 것은 『사도 바울의 기도』, 『진리 복음』, 『빌립 복음』, 『야고보 묵시록』 등 여덟 개에 이른다.

마르키온파(Marcionites) 역시 영지주의 사상 체계에 서 있는데 창시자는 마르키온(Marcion)이다. 폰투스 출신인 그는 감독의 아들이기도 했는데 선주로 상당한 부자였다. 그 역시 로마로 옮겨 로마 교회에 출석했는데 이때가 대략 140년 경이다. 마르키온은 200,000 세스테르티아(sestertia)의 큰 액수의 돈을 교회에 헌금한 적이 있는데, 그의 이단적 사상으로 인해 출교당했을 때 교회는 그가 낸 헌금을 되돌려 주기도 했다.

한번은 로마 교회 지도자들과 마르키온 사이 성경의 내용을 놓고 토의가 있었는데, 누가복음 5장 36-39절에 있는 새 포도주와 새 가죽 부대에 해석의 문제였다. 전통적인 해석에 동의하지 않았던 마르키온은 새 포도주는 기독교인의 성경이며, 옛 포도주는 히브리 성경으로 말하며 이 두 성경은 서로 섞일 수 없다고 주장했다. 이 일은 그가 출교당한 결정적인 사건이기도 했다.

그는 비록 히브리 성경의 권위와 예언을 부정하지는 않았지만, 구약의 선지자들에 의해 예언된 자는 예수가 아니며 이 예언된 자는 아직 오지 않았다고 주장했다. 유대인들의 견해와 동일한 것이었음을 알 수 있다. 많은 영지주의적 사상들이 그러했듯이, 마르키온 역시 유대인의 하나님은 가장 높은 신(the highest Deity)보다 열등한 하나의 신에 불과하다고 믿었고, 구약 성경에 기록된 이 신의 약속들은 오직 유대인들에게만 유효하다고 보았다. 반면 신약 성경의 하나님은 구약 성경의 하나님처럼 악인을 벌하는 심판자가 아니었다.

마르키온은 바울 이외의 다른 제자들은 무지한 사도들로 보았는데 이 같은 그의 사상은 자신의 성경관에도 그대로 반영된다. 그는 자체적인 성경을 주장했는데 한 권의 복음서와 목회 서신을 제외한 바울의 10개 서신들로 이루어진 것이었다. 이 복음서는 축약된 형태의 누가복음으로 바울의 선교와 가장 밀접한 관계에 있는 복음서를 선택한 것으로 보인다. 누가복음서에서 그가 삭제한 내용으로는, 예수의 탄생이나 유년기 이야기(눅 2:1-52), 세례 요한이 그리스도의 길을 예비하며 예수에게 세례를 베푼 이야기(3:1-22), 광야에서 시험받은 예수의 이야기(3:23-38), 죽음과 부활에 대한 예수의 예언(18:31-34) 등 30여 개로 추정된다.[319]

21. 시몬파	41. 케르도파	61. 사도파
22. 메난더파	42. 마르키온파	62. 사벨리우스파
23. 사토르닐파	43. 루키안파	63. 오리게네스파
24. 바실리데스파	44. 아펠레스파	64. 아다만티우스파
25. 니골라당	45. 세베루스파	65. 바울파
26. 지식파	46. 타티안파	66. 마니교도
27. 카르포크라테스파	47. 엔크라티테스파	67. 히에라카스파
28. 케리투스파	48. 브리기아인들	68. 멜리티우스파
29. 나사렛파	49. 페푸자인들	69. 아리우스파
30. 에비온파	50. 십사일파	70. 아우디우스파
31. 발렌티누스파	51. 알로기파	71. 포티누스파
32. 세쿤두스파	52. 아담파	72. 마르켈리나파
33. 프톨레마이우스파	53. 엘카사이파	73. 반아리우스파
34. 마르코파	54. 테오도투스파	74. 마케도니안파
35. 콜라르바수스파	55. 멜기세덱파	75. 아이리우스파
36. 헤라클레온파	56. 바르데시아네스파	76. 아이티우스파
37. 배사교파	57. 노에투스파	77. 아폴리나리스파
38. 가인파	58. 발렌파	78. 마리아 반대파
39. 셋파	59. 카타리파	79. 마리아 숭배파
40. 아르콘테스파	60. 천사파	80. 마살리안파

[도표 15. 에피파니우스의 『약 상자』에 열거된 기독교 이단 목록][320]

유대-기독교 이단들도 있었다. 먼저 나사렛파(Nazoraeans)를 살펴보자. 이들은 유대인들과 동일하게 구약 성경을 히브리어로 읽었다. 하지만 유대인들과 달리, 예수님을 하나님의 아들로 고백했다. 나사렛파는 할례와 안식일을 비롯한 다른 유대교 예식들을 준수한다는 점에서 그리스도인들과도 달랐고,[321] 신약 성경 중 히브리어로 기록된 마태복음만을 사용했다.

케린투스파(Cerinthians)는 케린투스(Cerinthus)를 따르는 자들을 말하는데, 거짓 사도였던 그는 사도들에 반대하여 백성들을 선동했던 자 중 한 명이었다.[322] 이들은 천사들에 의한 창조를 믿었으며 율법과 선지자들은 천사들에게서 나온 것이라 주장했다.[323] 이들은 세례를 받지 않고 죽은 자들을 위해 대리 세례(vicarious baptism)를 베풀기도 했다.[324]

소위 '새 예언 운동'(New Prophecy Movement)으로 알려진 몬타누스파(Montanism) 또한 로마 제국의 전 지역에 퍼졌던 대표적인 초대 교회 이단이다. 창시자 몬타누스(Montanus)는 브리기아 미시아 지방에 위치한, 아르다바우라는 조그만 시골 마을 출신으로 이교도 제사장이었다. 그는 교회를 다니고 얼마 되지 않아서, 예언을 시작했는데 무아경과 경련의 상태에서 비롯된 것이었다. 그는 지금이 마지막 시대이니 세상의 일을 접어두고 새 예루살렘에서 종말을 맞으라는 거짓 예언을 퍼뜨렸다. 새 예루살렘이 될 구체적인 장소로 페푸자(Pepuza)와 티미온(Tymion)을 지명하기도 했는데, 현재 터키 서쪽 우삭 지방의 카라할리 지역(Karahalli District) 넓은 평탄 지역이다. 페푸자에 있던 몬타누스파 모임에서는 흰옷을 입은 일곱 명의 처녀들이 횃불을 들고 교회 안으로 행진하면서 예언을 하기도 했다.

몬타누스는, "나는 성부요, 성자며, 성령이다", "나는 주 하나님, 사람 안에 거하는 전능하신 자이다... 나는 천사도 아니고 보내진 자도 아니다. 나 주 하나님, 성부가 왔느니라"는 예언을 통해 자신을 하나님으로 숭배하도록 했다.[325] 330-400년경 누디미아(Numidia) 지방의 한 벽에 새겨진 낙서는 흥미로운 정보를 제공한다. 아래 비문에서 보이듯이, 중간에 헬라어 문자 X와 P가 겹쳐서 있는데 그리스도(Χριστός)를 뜻하며, 옆으로 알파와 오메가 문자가 적혀 있다. 라틴어로 된 문장의 내용은, 당시 황실 근위병이었던 플라비우스가 "아버지와 아들과 주 몬타누스의 이름으로 서원했던 것을 이루었다"는 것이다. 몬타누스파 신자들이 몬타누스를 성령과 동일시했음을 보여주는 대목이다.

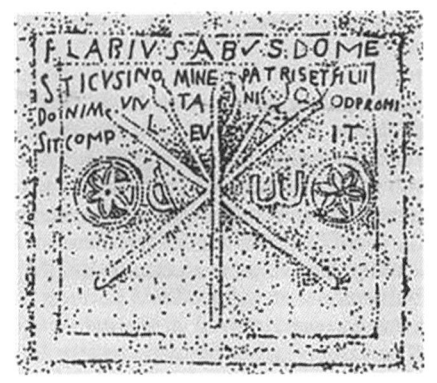

[자료 25. 몬타누스파 신자가 벽에 새긴 낙서][326]

그렇다면, 초대 교회는 이단의 위협으로부터 어떻게 교회와 신앙을 지켜나갔을까? 결론적으로 말하면 할 수 있는 모든 다양한 방법을 사용했다고 볼 수 있다. 가령 이단을 경계하는 자료집을 집필하거나 서신을 통해서 반박했다. 히폴리투스의『모든 이단들에 대한 논박』, 리용의 이레나이우스가 쓴『이단 논박』이나, 테르툴리아누스의『마르키온파 논박』,『발렌티누스파 논박』,『프락세아스 논박』등을 들 수 있다. 시대적으로 콘스탄티누스 대제 이후이지만, 4세기 에피파니우스가 집필한『정박자』와『약상자』또한 이단을 경계한 주요 작품이다. 전자의 작품에서, 그는 선박인 교회가 역풍인 이단의 교리로 인해 항구에 닻을 내릴 수 없다고 말하면서, 참된 구원은 이런 이단들의 파도들을 정복하고 오직 사도적 전통에 기초한 교회에 정박한 그리스인들에게만 있다는 사실을 강조했다.

때로는 이단적 교리를 가르치는 자를 교회 앞에 공개적으로 세워 그의 신앙을 확인하기도 했다. 한 예로, 영지주의적 이단인 케르도파(Cerdonians)의 창시자 케르도(Cerdo)를 들 수 있다. 발렌티누스처럼 그 역시 로마 교회에 출석하면서 자신의 이단적 사상을 일부 신자들에게 비밀리에 가르쳤다. 그의 활동과 가르침이 문제가 되자 공개적인 신앙을 밝혀야 했고, 이때 자신은 기독교 정통 가르침에 충실하다고 고백했다. 하지만 가르치는 활동을 중단치 않고 이단적 사상도 수정되지 않자, 결국 출교를 당하게 되었다.[327]

신약 정경을 형성하는 것 또한 이단을 대처하는 주요 방편이었다. 앞서 언급했듯이, 마르키온은 스스로가 축약한 형태의 누가복음서와 바울의 10개 서신으로 구성된 자신만의 성경을 내세웠다. 몬타누스파의 예언들 역시 모아져 책으로 기록되었는데 안타깝게도 현존하지 않는다.[328] 몬타누스파 지도자였던 프로클루스는 "새 성경"(καινὰς γραφὰς)을 교회에 제시하기도 했는데 제피리누스(198-217)가 로마의 감독으로 있을 때였다.[329] 이런 상황에서 교회는 당시 이단의 책들을 목록으로 작성해 금서로 규정해 경계했다. 그 대표적인 예를 『무라토리 정경』에서 발견할 수 있다.

지역 교회들의 회의 또한 이단의 득세로부터 교회와 신앙을 보호하는 주요 수단이었다. 초대 교회가 이단과 관련해 최초로 소집한 회의는 AD 170년경 소아시아 브리기아 지방 히에라폴리스에서 열린 회의이다. 몬타누스파 문제 때문인데 히에라폴리스의 감독 아폴리나리스를 포함해 브리기아 지방의 26명의 감독이 모였고, 회의 결과 창시자 몬타누스와 막시밀라는 거짓 선지자라 정죄되어 출교당했다. 이 회의 때 무두장이였던 테오도투스 역시 정죄되었는데 그리스도는 단순한 인간에 지나지 않는다는 그의 주장 때문이었다.[330]

몬타누스파의 문제와 관련해 230년대 초, 브리기아 지방 이코니움에서도 회의가 소집되었는데 갈라디아와 길리기아 지방을 비롯해 다른 지방의 감독들도 참석했다.[331] 이 회의의 초점은 몬타누스파 신자들이 다시 정통 교회로 돌아올 때 세례를 베풀어야 하는지 말아야 하는지에 대한 문제였는데, 이들의 성령 교리는 이단적이고 이들이 준 세례도 효력이 없으므로 다시 세례를 받아야 한다는 것이 이때의 결정이었다.

유세비우스의 기록에 따르면, 몬타누스파 예언 운동이 막 일어났을 때 브리기아 지방의 그리스도인들은 "예수님이 언급하신 분별하심"을 기억하며 거짓 선지자를 경계했다고 한다.[332] 마태복음 7장 15-20절에 있는 말씀으로 볼 수 있는데, 참 선지자와 거짓 선지자는 그 열매를 통해서 구별한다는 내용이다. 이렇게 초대 교회는 이단들의 활동이 시작되는 그 초기부터 이들의 가르침을 경계하며 정통 신앙을 지켜왔다고 말할 수 있다.

4세기 예루살렘의 감독이었던 키릴(Cyril of Jerusalem, 350-87)은, 만약 신자가 여행 중에 낯선 마을을 방문했을 때 단순히 "주의 집"(Lord's House)이나 "교회"(church)가 어디 있는지를 물어보지 말고 "공 교회"(Catholic church)가 어디 있는지를 물어보라고 권고한 적이 있다.[333] 이단들도 자신들의 소굴을 이렇게 부른다는 이유 때문이었다. 그의 경계의 말은 두고두고 되새겨야 할 명구라는 생각이 든다.

23

초대 교회는 핍박의 위협 앞에서 어떤 신앙의 고백을 했을까?

기독교가 로마 제국에 의해 하나의 종교로 공식적인 인정을 받았을 때가, AD 313년이다. 이탈리아 밀란에서 서방의 콘스탄티누스 대제와 동방의 리키니우스가 만나서, 기독교를 포함한 모든 종교를 허용한다는 내용을 골자로 한 서신을 공포했는데 이것이 우리가 익히 들었던 밀란 칙령(the Edict of Milan)이다. 그 일부 내용을 보자.

> 이제 기독교인들뿐 아니라 모든 이들이 각자 자신이 원하는 종교를 가지는데 방해받는 일이 없어야 할 것입니다. 그래야, 하늘에 거하는 신을 기쁘게 하여 그 자비가 우리의 통치하에 있는 모든 이들에게 임할 것이기 때문입니다. (중략) 또한 그리스도인들이 전에 모

였었던 장소들뿐만 아니라, 교회 이름으로 된 모든 것들은 다시 그들에게 돌려주어야 할 것입니다. 이것을 진행하는데 그 어떤 지체함도 있어서는 안 될 것입니다.

정확히 313년 6월 13일에 있었던 일로, 소위 '대핍박'(the Great Persecution, 303-313) 기간 동안 교회가 입은 피해에 대한 보상을 지시한 것은 눈에 띈다. 그 전까지 기독교는 공인을 받지 못한 종교, 즉 로마법에 허락되지 않은 종교였다. 물론 260년 갈리에누스(Gallienus, 253-268) 황제의 칙령으로 기독교인들은 교회 건물과 묘지를 소유함으로써 '사실상'(de facto) 자유를 누렸으며 대핍박이 일어나기 전 약 40년 동안 평화를 누린 시기도 있었다.

그렇다면, 초기 그리스도인들은 어떤 칙령들을 통해서 로마 제국으로부터 핍박을 받았을까? 또 어떤 신앙의 고백을 통해서 그 믿음을 지켜나갔을까? 일부 예를 보자. 트라이아누스 황제 때, 기독교인에게는 다음의 세 가지 행위가 강요되었다. 첫째는 로마의 신들에게 드리는 청원의 기도를 암송하는 것이었고, 둘째는, 분향, 헌주와 함께 황제의 신상과 로마 신들의 신상에 기도하는 것이었다. 마지막으로 요구된 행위는, 그리스도를 저주하는 것이었다.[334] 그리스도인들을 고발하고 색출하는 방법으로 이런 행위를 강조한 것인데, 이 같은 그의 정책은 3세기 중반 데키우스 황제 이전까지 기독교 입장에 대한 로마 제국의 지침서 역할을 했던 것으로 보인다.[335]

이런 강요들은 마르쿠스 아우렐리우스(Marcus Aurelius, 161-80) 치하 아래 순교한 폴리갑의 경우에서 분명히 확인된다. 그에게 요구된 것은 황제의 이름으로 맹세하는 것, 그리스도인 됨을 철회하는 것, 그리고 그리스도를 저주하는 것이었다.³³⁶ 죽음이라는 위협의 순간에도 불구하고, 총독 앞에서 당당히 외친 그의 신앙고백은 잘 알려져 있다.

> 나는 그분을 86년 동안 섬겼습니다. 그분은 나에게 어떠한 해도 끼친 적이 없으십니다. 그런데, 어떻게 내가 나의 왕이시며 나의 구원자를 모독할 수 있단 말입니까?³³⁷

발레리아누스(Valerianus, 253-60) 황제는 그리스도인들을 핍박한 악명 높은 인물로 알려져 있다. 그는 반-기독교 칙령을 두 차례에 걸쳐 공포했는데, 258년 여름에 내려진 두 번째 칙령을 통해 특히 감독, 장로, 집사와 같은 교회의 지도자를 죽임으로써 기독교를 말살하려고 시도했다.³³⁸ 한 해 전 핍박 때 유배지로 보내졌던 카르타고 교회의 감독 키프리아누스는, 다시 소환되어 즉시 참수에 처해졌다. 소환되어 온 지 꼭 14일 되던 때였다. 순교하기 전, 동료 감독과 성도들에게 보내는 서신에서 그는 이렇게 격려했다.

> 형제들이여 강해져서 영적 전투를 위해 준비하십시오. 우리 각자는 죽음이 아니라 죽음이 없는 영원함을 생각해야 합니다. 온전한 믿음과 온전한 용기를 가지고 주님을 섬기는 것에 헌신해야 합니다. 고백의 순간에 두려워하지 말고 즐거워해야 합니다. 하나님과 그리스도의 군사들은 죽임을 당하는 것이 아니라 면류관을 받는 것을, 그들은 알고 있습니다.³³⁹

핍박의 시기 그리스도인들이 고난을 이길 수 있었던 힘은, 바로 '죽음이 없는 영원함', 즉 부활의 소망이었다. 기독교인들에게 가해진 고문들도 아주 잔인했는데, 마리아누스라는 한 신자는 고문대에 매달릴 때 엄지 손가락 마디에 줄을 매었고, 양다리는 각각 무게가 다른 무거운 것에 매달린 채 고통을 감내해야만 했다. 로마 군인들은 그를 감옥으로 다시 보낼 때 뱀과 전갈을 같이 넣어서 공포를 안겨주었다.[340] 칼에 목이 베어 형장의 이슬로 사라지는 순간에서도, 그는 의인들의 피가 하나님에 의해서 곧 되갚아질 것이라는 예언을 선포하며 용기와 확신을 잃지 않았다.[341]

177/8년 골(Gaul) 지방의 리용과 비엔나에서 기독교를 반대하는 폭동이 군중들 사이에서 발생한 적이 있었다. 그리스도인들은 공중목욕탕, 시장과 같은 공공장소를 감히 다니지 못했는데, 기독교인임이 밝혀질 경우 군중들에 의해 질질 끌려다니며 매 맞는 고초를 겪으며 심지어 재산까지 약탈당했기 때문이다. 교회는 그 발생 초기부터 티에스테스 축제, 오이디푸스 근친상간을 행하며 영아 살해, 식인 풍습 등 부당한 소문에 휩싸여 공격의 대상이 되어 왔던 것이다.

이때 순교한 이들 중에 블란디나(Blandina)라 이름한 여신자가 있었다. 신분이 노예였던 그녀는 온갖 고초로 만신창이의 몸이 되었지만, 총독의 심문 앞에서도 "나는 그리스도인입니다. 우리는 부끄러운 행동은 그 하나도 하지 않았습니다"라 고백하며 신앙을 굽히지 않았다.[342] 상투스(Santus)라 불리는 집사 역시 모든 형태의 잔혹한 고문 가운데서도 그가 내뱉은 말은 단 한마디뿐이었는데, "나는 그리스도인입니다"였다.[343] 박해받는 상황에서 리용과 비엔나의 신자들이 두려워했던 것은 고문이 아니라, 믿음이 연약한 자가 배교하게 될지도 모른다는 것이었다.

이렇게 한낱 풍문에 근거한 증오와 중상적인 모략으로 인해 그리스도인들은 법정에 고소되었고 심한 고문과 함께 고난의 길을 걸었다. 이런 부당함을 호소하며 기독교를 변호했던 인물들이 순교자 유스티누스, 카르타고의 테르툴리아누스를 비롯한 변증가들이다. 알렉산드리아인으로 순교했던 아폴로니우스(Apollonius) 역시 이 부당성을 호소한 인물이다. 그는 아시아 총독 페레니스(Perennis) 앞에서 심문당할 때, 군중의 선동으로 부당하게 고발당했던 소크라테스의 경우를 언급하면서 기독교인에 대한 혐의 역시 전혀 근거가 없고 오히려 선한 삶을 산다고 변호했다.[344]

대핍박이 시작된 303년 2월 24일 니코메디아에서 공포된 첫 번째 칙령에는 성경과 기독교 서적을 압수해 공공장소에 소각한다는 조항이 있었다. 북아프리카 티뷔카에서는 군인들이 이 지역 감독 펠릭스(Felix)를 붙잡아 성경을 내놓으라고 명령했다. 이에 펠릭스는, "성경이 불타는 것보다 나 자신이 태워지는 것이 나음은, 사람을 순종하는 것보다 하나님을 순종하는 것이 더 낫기 때문입니다"라며 거절했다.[345] 그의 고백은 "사람보다 하나님께 순종하는 것이 마땅하니라"(행 5:29)라는 사도들의 고백을 연상케 한다. 결국 참수 당해 순교했는데, 그의 마지막 고백은 "이 땅에 사는 56년 동안 복음서의 말씀을 지키며 신앙의 순결을 지켰습니다"였다.[346]

304년 1월과 2월 사이, 희생 제사를 드리라는 칙령이 로마 제국 전역에 떨어졌다. 칙령의 이행은 로마의 군대에서도 이루어졌다. 두로스토룸(Durostorum)에 주둔한 제11 클라우디아 군단에 27년 동안 복무한 율리우스(Iulius)라는 고참병이 있었다. 일곱 번의 출정 경험도 있었던 그는 기독교 신자였기에 신앙적인 이유로 희생 제사를 거절했다. 희생 제사를 드린다는 조건으로 십년 치 상여금을 미리 준다는 제안까지 받았지만, 그는 다음과 같이 고백하며 거절했다. "이것은 사탄의 돈이며, 그것이 돈이든 당신의 사악한 말이든 나에게서 영원한 빛을 앗아갈 수는 없습니다."[347]

율리우스는 충독 막시무스(Maximus)에게, "당신과 사는 것은 나에게 죽음이 될 것입니다. 하지만, 주님의 눈앞에서 죽게 된다면 영원히 살게 될 것입니다"라는 마지막 말을 남기고 순교의 길을 걸어갔다.[348]

현대 일부 학자들은 초기 기독교인들의 순교를 병적인 현상으로 설명한 바 있다. 2세기 초, 안디옥에서 체포되어 로마에서 순교한 익나티우스의 경우를 보자. 아일랜드 출신의 고대사학자인 도즈(Dodds)는, 익나티우스의 서신에서 나타난 그의 표현들을 근거로 순교를 갈망하는 그의 병적인 현상이라 설명한 바 있다.[349] 이와 비슷하게 영국의 고대사학자 크로와(Croix) 역시 서신들에 있는 순교에 대한 그의 병적 갈망을 언급하면서 익나티우스는 정상적이지 못한 심리 상태를 가졌다라고 평가한다.[350] 또 다른 예로, 폴리갑의 순교를 연구한 톰슨(Thompson)은 폴리갑은 사회의 상식에서 벗어난 행동을 추구했던 비정상적인 사람(a deviant)이라고 분류한다.[351]

익그나티우스의 순교의 원인을 죽음에 대한 병적인 갈망이라는 언어로 말하는 것이 합당한가? 과연 그런가? 안디옥의 감독으로서 설교와 기도, 금식을 통해서 신자들을 돌보았던 40여 년간의 그의 목회적인 헌신과 사랑은 왜 고려되지 않는가? 폴리갑의 순교의 경우도, 톰슨의 주장처럼 과연 그의 비정상적인 사고에서 기인한 것이었는가? 한평생 단 한 번도 그리스도는 자신에게 해를 끼친 적이 없다는 그의 신앙고백은 무엇으로 설명할 수 있단 말인가? 초대 그리스도인들의 순교의 동기를, 죽음에 대한 갈망(*libido moriendi*)이나 혹은 자기 학대증(masochism)이라는 언어로 설명한 것은 그들이 가졌던 신앙적 동기를 전혀 고려치 않고 내린 부당한 결론이었다고 정리할 수 있다.[352]

주요 참고 문헌

주요 참고 문헌

랄프 마틴, 『초대 교회 예배』, 오창윤 역 (은성, 1989).

박용규, "한국 교회 예배의 변천, 역사적 고찰," 『성경과 신학』 63 (2012), 111-75.

박정수, "세례 요한의 세례와 마태복음의 죄 사함," 『신약논단』 23.4 (2016), 933-68.

이상규, 『한국 교회사의 뒤안길: 한국 교회의 역사와 전통, 그리고 신앙과 고백』 (킹덤북스, 2015).

전창희, "초대 교회 알몸 세례(naked baptism)에 대한 고찰," 『신학과 실천』 제38호 (2014), 145-69.

조병수, "초기 기독교의 가정 교회 - 자료 분석," 「신학정론」 20 (2002), 33-62.

조숙자, "한국 최초의 감리교 찬송가 [찬미가] 연구," 『장신논단』 17 (2001), 485-512.

Adams, Edward. *The Earliest Christian Meeting Places: Almost Exclusively Houses?*. revised ed. (London and New York: Bloomsbury T & T Clark, 2016).

Aldrete, Gregory S. *Daily Life in the Roman City: Rome, Pompeii, and Ostia* (Norman: University of Oklahoma Press, 2008).

Alikin, Valeriy A. *The Earliest History of the Christian Gathering: Origin, Development and Content of the Christian Gathering in the First to Third Centuries* (Leiden: Brill, 2010).

Bacchiocchi, Samuele. *From Sabbath to Sunday: A Historical Investigation of the Rise of Sunday Observance in Early Christianity* (Rome: Pontifical Gregorian University Press, 1977).

Balch, David L. *Roman Domestic Art and Early House Churches* (Tübingen:

Mohr Siebeck, 2008).

Barnes, T.D. "Legislation against the Christians." *Journal of Roman Studies* 58 (1968), 32-50.

Beard, Mary, John North and Simon R. F. Price, *Religions of Rome*, 2 vols. (Cambridge: Cambridge University Press, 1998).

Beckwith, Roger T. *Calendar and Chronology, Jewish and Christian: Biblical, Intertestamental and Patristic Studies* (Leiden: Brill, 2005).

Blue, Bradley. "Acts and the House Church," David W. J. Gill and Conrad Gempf (eds.), *The Book of Acts in Its Graeco-Roman Setting* (Grand Rapids, Michigan: Eerdmans, 1994), 119-222.

Bradshaw, Paul F. *The Search for the Origins of Christian Worship: Sources and Methods for the Study of Early Liturgy*, 2nd ed. (London: SPCK, 2002).

_____. "Women and Baptism in the D*idascalia Apostolorum*," *JECS* 20.4 (2012), 641-45.

Charlesworth, James H. (ed.). T*he Old Testament Pseudepigrapha*, 2 vols. (Garden City, New York: Doubleday, 1983–1985).

Clarke, G.W. (trans. and annot.). *The Letters of St. Cyprian of Carthage*, 4 vols. (New York: Newman, 1984–89).

Clauss, Manfred. *The Roman Cult of Mithras: The God and His Mysteries*, trans. by Richard Gordon (New York: Routledge, 2000).

Cohen, Shaye J.D. *The Beginnings of Jewishness: Boundaries, Varieties, Uncertainties* (Berkeley: University of California Press, 1999).

Cosgrove, Charles. *An Ancient Christian Hymn with Musical Notation: Papyrus Oxyrhynchus 1786* (Tübingen: Mohr Siebeck, 2011).

Coutsoumpos, Panayotis. *Community, Conflict, and the Eucharist in Roman Corinth: The Social Setting of Paul's Letter* (Eugene, OR: Wipf and Stock, 2015).

De Gaiffier, B. "La lecture des actes des martyres dans la priere liturgique en Occident," *Anallecta Bollandiana* 72 (1954), 134-66.

De Jonge, H.J. "The Function of Religious Polemics: The Case of the Revelation of John versus the Imperial Cult," T. L. Hettema & A. van der Kooij (eds.), *Religious Polemics in Context* (Assen: Van Gorcum, 2004), 276-77.

Dessau, Hermann (ed.). *Inscriptiones Latinae Selectae*, 3 vols. in 5 parts (Berlin: Weidmann, 1892-1916).

Dix, Gregory. *The Shape of the Liturgy* (London: Dacre Press, 1945).

Dobbins. J.J. and P.W. Foss (eds.), *The World of Pompeii* (London and New York, NY: Routledge, 2007).

Feldman, Louis H. *Jew and Gentile in the Ancient World: Attitudes and Interactions from Alexander to Justinian* (New Jersey: Princeton University Press, 1993).

Ferguson, Everett. *Baptism in the Early Church: History, Theology, and Liturgy in the First Five Centuries* (Grand Rapids: Eerdmans, 2009).

Fries, S.A. "Die Oden Salomons: Montanistischen Lieder aus dem 2. Jahrhundert," *Zeitschrift für die neutesamentliche Wissenschaft* 12 (1911), 108-25.

Garrison, Roman. *The Graeco-Roman Context of Early Christian Literature* (Sheffield: Sheffield Academic Press, 1997).

Griffiths, John D. *The Spirit as Gift in Acts: The Spirit's Empowerment of the Early Jesus Community* (Leiden: Brill, 2022).

Guy, Laurie. "'Naked' Baptism in the Early Church: The Rhetoric and the Reality," *Journal of Religious History* 27 (2003), 133-42.

_____. *Introducing Early Christianity: A Topical Survey of Its Life, Beliefs, and Practices* (Downers Grove, Ill.: InterVarsity, 2004).

Hopkins, Keith. "Christian Number and Its Implications", *JECS* 6.2 (1998), 185-226.

Horsley, G.H.R.(ed.). *New Documents Illustrating Early Christianity*, vol. 1 (Macquarie University: The Ancient History Documentary Research Centre, 1981).

Hunt A.S. and S. Jones, "Christian Hymn with Musical Notation," *The Oxyrhynchus Papyri*, vol. 15 (1922), 21-25.

Jensen, Robin M. *Living Water: Images, Symbols, and Settings of Early Christian Baptism* (Leiden: Brill, 2010).

Jeremias, Joachim. *The Eucharistic Words of Jesus* (Philadelphia: Fortress Press, 1977).

Judge, Edwin. "The Early Christians As a Scholastic Community," part 1 & 2, James R. Harrison (ed.), *The First Christians in the Roman World: Augustan and New Testament Essay* (Tübingen: Mohr Siebeck, 2008), 526-52.

Keener, Craig S. *Acts: An Exegetical Commentary*, 4 vols. (Grand Rapids, Michigan: Baker Academic, 2014).

Kelly J.N.D. (trans. and annot.), *Rufinus: A Commentary on the Apostles' Creed* (New York: Newman, 1955).

Kirsch, Johann Peter. *Die römischen Titelkirchen im Altertum* (Paderborn: Druck und Verlag von Ferdinand Schoningh, 1918).

Kraeling, Carl H. *The Excavations at Dura Europos: Final Report*, vol. 8, part 2, *The Christian Building* (New Haven: Yale University Press, 1967).

Krautheimer, Richard. *Early Christian and Byzantine Architecture* (New York: Penguin Books, 1965).

Lampe, G.W.H. *A Patristic Greek Lexicon* (Oxford: Clarendon Press, 1961).

Lampe, Peter. "The Eucharist: Identifying with Christ on the Cross." *Interpretation* 48.1 (1994), 36-49.

_____. *From Paul to Valentinus: Christians at Rome in the First Two Centuries*, trans. Michael Steinhauser (Minneapolis: Fortress Press, 2003).

Lietzmann, Hans. *Mass and Lord's Supper* (Leiden: Brill, 1979).

MacMullen, Ramsay. *The Second Church: Popular Christianity A.D. 200-400* (Atlanta, GA: Society of Biblical Literature, 2009).

Mazza, Enrico. *The Celebration of the Eucharist: The Origin of the Rite and the Development of Its Interpretation* (Collegeville, MN: Liturgical Press, 1999).

McKechnie, Paul. *The First Christian Centuries: Perspectives on the Early Church* (Downers Grove, IL: InterVarsity Press, 2001).

Moll, Sebastian. *The Arch-Heretic Marcion* (Tübingen: Mohr Siebeck, 2010).

Moreau, Philippe. "Osculum, Basium, Savium," *Revue de Philologie* 52 (1978), 87-97.

Munier, C. (ed.), *Concilia Africae A. 345-A. 525* (Turnhout: Brepols, 1974).

Nässelqvist, Dan. *Public Reading in Early Christianity: Lectors, Manuscripts, and Sound in the Oral Delivery of John 1-4* (Leiden: Brill, 2015).

O'Connor, Jerome Murphy. *St. Pual's Corinth: Texts and Archaeology*, 3rd ed. (Wilmington: Michael Glazier, 2002).

Packer, James E. *The Insulae of Imperial Ostia* (Rome: The American Academy in Rome, 1971).

Penn, Michael. *Kissing Christians: Ritual and Community in the Late Ancient Church* (Philadelphia, PA: University of Pennsylvania Press, 2005).

Peppard, Michael. *The World's Oldest Church Bible, Art, and Ritual at Dura-Europos, Syria* (New Haven: Yale University Press, 2016).

Pierce, Mark. "Themes in the Odes of Solomon and Other Early Christian Writings and Their Baptismal Character," *Ephemerides Liturgicae* 98 (1984), 35-59.

Rhodes, Harry A. *History of the Korea mission, Presbyterian Church, U.S.A.:*

        1884-1934 (Seoul: Chosen Mission Presbyterian Church U.S.A., 1934).

_____. *The Fiftieth Anniversary Celebration of the Korea Mission, PCUSA, June 30 - July 3, 1934* (Seoul: Chosen, Post Chapel, John D. Wells School, 1934).

Riddle, Donald W. *The Martyrs: A Study in Social Control* (Chicago: University of Chicago Press, 1931).

Safrai S. and M. Stern (eds.), *The Jewish People in the First Century* (Fortress Press: Philadelphia, 1987).

Skarsaune, Oskar. *In the Shadow of the Temple: Jewish Influences on Early Christianity* (Downers Grove: InterVarsity Press, 200).

Smith, Claire S. *Pauline Communities as "Scholastic Communities": A Study of the Vocabulary of "Teaching" in 1 Corinthians, 1 and 2 Timothy and Titus* (Tübingen: Mohr Siebeck, 2012).

Smith, Dennis E. *From Symposium to Eucharist: The Banquet in the Early Christian World* (Minneapolis: Fortress, 2003).

Snyder, Graydon F. *Ante Pacem: Archaeological Evidence of Church Life before Constantine* (Macon: Mercer University Press, 1985).

Snyder, Harlow G. "'Above the Bath of Myrtinus': Justin Martyr's 'School' in the City of Rome," *HTR 100* (2007), 335-62.

Stark, Rodney. *The Rise of Christianity: A Sociologist Reconsiders History* (Princeton, N.J.: Princeton University Press, 1996).

Tabbernee, William. *Montanist Inscriptions and Testimonia: Epigraphic Sources Illustrating the History of Montanism* (Macon, GA: Mercer University Press, 1997).

Tepper and Di Segni, *A Christian Prayer Hall of the Third Century CE at Kefar 'Othnay (Legio). Excavations at the Megiddo Prison 2005* (Jerusalem: Israel Antiquities Authority, 2006).

Thümmel, Hans Georg. *Die Memorien für Petrus und Paulus in Rom: Die archäologischen Denkmäler und die literarische Tradition* (Berlin: de Gruyter, 1999).

White, L. Michael. *The Social Origins of Christian Architecture* (Valley Forge, PA: Trinity Press, 1990).

Wilson, Marvin R. *Our Father Abraham: Jewish Roots of the Christian Faith* (Grand Rapids: William B. Eerdmans, 1989).

Yegül, Fikret. *Bathing in the Roman World* (Cambridge, MA: Massachusetts Institute of Technology Press, 1992).

주제 & 인명 색인

주제&인명 색인

ㄱ

가옥 5′ 94′ 95′ 97′ 98′ 99′ 100′ 101′ 106′ 119′ 120′ 122′ 123
가이아누스 18′ 112′ 113′ 116
가정 교회 43′ 95′ 98′ 99′ 106′ 123′ 166′ 189
갈리에누스 160
감독 23′ 25′ 29′ 31′ 32′ 34′ 44′ 53′ 54′ 55′ 56′ 61′ 62′ 71′ 72′ 75′ 76′ 77′ 78′ 91′ 117′ 120′ 121′
      131′ 134′ 142′ 143′ 148′ 149′ 151′ 152′ 157′ 158′ 161′ 163′ 164′ 182
개종자 4′ 19′ 62′ 65′ 66′ 67′ 68′ 69′ 76′ 78′ 186
  세례 4′ 19′ 62′ 65′ 66′ 67′ 68′ 69′ 76′ 78′ 186
고백 5′ 19′ 23′ 26′ 28′ 30′ 45′ 52′ 60′ 61′ 62′ 65′ 72′ 115′ 125′ 138′ 145′ 146′ 147′ 148′ 154′
      157′ 159′ 160′ 161′ 162′ 163′ 164′ 166′ 186′ 192
  고백자 5′ 19′ 23′ 26′ 28′ 30′ 45′ 52′ 60′ 61′ 62′ 65′ 72′ 115′ 125′ 138′ 145′ 146′ 147′ 148′
        154′ 157′ 159′ 160′ 161′ 162′ 163′ 164′ 166′ 186′ 192
공공 읽기 4′ 48
교회 49
  공 교회 158
그레고리력 35′ 36′ 40
글귀 18′ 74′ 112′ 113′ 114′ 115′ 116′ 117
금식 24′ 66′ 67′ 71′ 164′ 182
기도 2′ 22′ 24′ 26′ 28′ 29′ 30′ 31′ 32′ 33′ 34′ 40′ 41′ 42′ 44′ 45′ 46′ 47′ 49′ 50′ 55′ 56′ 57′
      58′ 59′ 60′ 61′ 65′ 66′ 67′ 68′ 71′ 72′ 73′ 76′ 77′ 79′ 80′ 81′ 82′ 83′ 84′ 86′ 87′ 88′
      89′ 90′ 91′ 94′ 95′ 97′ 98′ 101′ 103′ 105′ 108′ 111′ 115′ 116′ 122′ 128′ 129′ 131′ 133′
      135′ 137′ 138′ 139′ 142′ 143′ 152′ 153′ 155′ 157′ 160′ 164′ 181′ 182
  감사 기도 2′ 22′ 24′ 26′ 28′ 29′ 30′ 31′ 32′ 33′ 34′ 40′ 41′ 42′ 44′ 45′ 46′ 47′ 49′ 50′ 55′
        56′ 57′ 58′ 59′ 60′ 61′ 65′ 66′ 67′ 68′ 71′ 72′ 73′ 76′ 77′ 79′ 80′ 81′ 82′ 83′ 84′ 86′ 87′
        88′ 89′ 90′ 91′ 94′ 95′ 97′ 98′ 101′ 103′ 105′ 108′ 111′ 115′ 116′ 122′ 128′ 129′ 131′ 133′
        135′ 137′ 138′ 139′ 142′ 143′ 152′ 153′ 155′ 157′ 160′ 164′ 181′ 182
  축복 기도 2′ 22′ 24′ 26′ 28′ 29′ 30′ 31′ 32′ 33′ 34′ 40′ 41′ 42′ 44′ 45′ 46′ 47′ 49′ 50′ 55′
        56′ 57′ 58′ 59′ 60′ 61′ 65′ 66′ 67′ 68′ 71′ 72′ 73′ 76′ 77′ 79′ 80′ 81′ 82′ 83′ 84′ 86′ 87′
        88′ 89′ 90′ 91′ 94′ 95′ 97′ 98′ 101′ 103′ 105′ 108′ 111′ 115′ 116′ 122′ 128′ 129′ 131′ 133′
        135′ 137′ 138′ 139′ 142′ 143′ 152′ 153′ 155′ 157′ 160′ 164′ 181′ 182

ㄴ

나그 함마디 152
나사렛파 154
네포스 131

ㄷ

다락방 80' 94' 95' 101' 108
달력 18' 35' 36' 37' 38' 39' 40' 181
대리세례 155
도로테아 115
도무스 97' 122' 123
   도무스 가옥 97' 122' 123
도즈 164
독경사 4' 49' 50' 53' 54' 55' 56
   렉토르 49
   아나그노스테스 49
두라-유로포스 5' 18' 117' 118' 119' 120' 122
두란노 서원 5' 107' 108' 110
디다케 23' 28' 30' 45' 47' 54' 66' 69' 70' 82' 83' 147' 184
디디무스 143
디모데 42' 48' 129
디오클레티아누스 38' 53' 91' 188

ㄹ

로드니 스탁 19' 50' 51
로마신경 19' 147' 148' 149' 150
   구 로마신경 19' 147' 148' 149' 150
루피누스 19' 146' 148' 149' 150

ㅁ

마르쿠스 아우렐리우스 117' 160
마르키온 44' 47' 151' 152' 153' 154' 156' 157
   마르키온파 151' 152' 154' 156
마르티누스 104' 190
막시무스 164
목욕탕 18' 50' 100' 103' 104' 106' 118' 162' 190
   공중목욕탕 50' 104' 162
몬타누스 18' 44' 46' 133' 151' 155' 156' 157' 158
   몬타누스파 18' 44' 46' 133' 151' 155' 156' 157' 158
무라토리 정경 43' 44' 47' 157
   무라토리 단편 43
물 31' 64' 65' 66' 67' 71' 72' 73' 76' 77' 78' 89' 121' 122' 133' 137' 138' 139
미쉬나 41' 66' 181' 182
미트라 64' 85' 118

미트라교 85
밀란 칙령 159

ㅂ

바울 22' 42' 43' 44' 46' 47' 48' 56' 57' 59' 61' 73' 77' 81' 82' 97' 99' 101' 105' 107' 108' 110' 128' 129' 144' 152' 153' 154' 157' 182
발네움 103
발레리아누스 161' 188
발렌티누스 44' 47' 152' 154' 156' 157
   발렌티누스파 152' 154' 156
벌거벗은 몸 4' 74' 76' 77' 78
부집사 54
부활 23' 26' 34' 36' 43' 45' 85' 94' 97' 104' 134' 138' 148' 149' 150' 153' 161
   부활절 36' 43' 45' 104
브리스길라 100' 101
   아굴라 101
블란디나 162
비문 18' 39' 74' 105' 116' 155
빌라 97' 146' 148' 149' 150
빵과 포도주 33' 67' 84' 85' 86
   떡과 포도주 31' 32

ㅅ

사도들의 교훈 69' 76
사도신경 5' 19' 145' 146' 147' 148' 149' 150' 186' 195
사도적 전통 4' 19' 25' 29' 30' 55' 59' 60' 61' 66' 69' 70' 76' 134' 147' 148' 156
사도적 헌법 55' 61' 69' 77' 127' 128' 131
사비니인의 달력 18' 38' 39
성경 봉독 28' 29' 30' 34' 45' 48' 54' 56
성만찬 4' 5' 19' 28' 29' 30' 31' 32' 49' 58' 63' 67' 73' 79' 81' 82' 83' 84' 85' 86' 87' 90' 91' 95' 105' 121
성유 71' 72' 73' 76' 77' 78
성찬 24' 25' 26' 28' 29' 31' 32' 33' 58' 67' 82' 97' 105' 106' 112' 115' 129' 182
  성찬식 26' 31' 33' 58' 112' 182
  성찬 예식 24' 25' 26
세례 4' 18' 19' 31' 45' 58' 59' 60' 62' 63' 64' 65' 66' 67' 68' 69' 70' 71' 72' 73' 74' 75' 76' 77' 78' 84' 112' 121' 122' 127' 133' 134' 135' 145' 147' 148' 150' 153' 155' 158' 166' 182' 185' 186
   세례 의식 4' 19' 64' 65' 67' 73' 75' 186
세례소 18' 121' 122

세례수　77' 78' 121
세례 요한　153' 166' 185
세례 입문자　58' 60' 66' 70' 71' 76' 77' 121' 145' 147' 148
소크라테스　42' 163
솔로몬의 송가　5' 133' 134' 136' 138
순교　30' 42' 45' 46' 47' 53' 58' 60' 61' 62' 68' 85' 91' 103' 116' 123' 160' 161' 162' 163' 164' 188
순교기　45' 46' 47
순교자　30' 42' 45' 58' 60' 62' 68' 85' 116' 123' 162
스콜레　107' 108
시네시우스　142
시몬　105' 146' 151' 152' 154
　시몬파　151' 152' 154
신앙고백　5' 45' 115' 125' 145' 146' 147' 148' 164' 186
심포지움　18' 82' 87' 88' 89' 91

ㅇ

아담　76' 78' 121' 154
아켑투스　18' 113' 114' 115' 116
아퀼라　18' 74' 150
아테나고라스　60
아폴로니우스　163
아폴리나리스　154' 157
안수 기도　71
안티움　18' 36' 37' 38
　안티움 달력　18' 36' 37' 38
알킨　43' 45
암송　29' 30' 49' 50' 81' 160
애찬　87
에드윈 저지　46
에라노스　19' 90' 91
　에라노스 연회　19' 90' 91
에세네파　65
에클레시아이　122' 123
　도무스 에클레시아이　122' 123
　아울라 에클레시아이　123
에피파니우스　19' 148' 149' 151' 154' 156' 195
엑소시즘　67' 71' 72
연회　5' 19' 49' 82' 85' 86' 87' 89' 90' 91
영지주의　44' 151' 152' 153' 157

오데스 133
오리게네스 25' 33' 60' 144' 154
오이디푸스 162
옥시린쿠스 5' 140' 141' 143' 144
   옥시린쿠스 파피루스 5' 140' 141' 143' 144
요세푸스 79
유대교 19' 42' 65' 66' 67' 68' 78' 81' 83' 95' 108' 118' 132' 154' 185' 186
유세비우스 43' 144' 158
유스티누스 19' 30' 31' 32' 33' 42' 54' 58' 68' 85' 103' 104' 162
유월절 5' 65' 66' 67' 79' 80' 81' 82' 83' 128' 143
   유월절 만찬 67' 128' 143
   유월절 잔치 5' 79' 81' 82
율리우스 35' 36' 37' 149' 163' 164
   율리우스력 35' 36' 37
이단 5' 19' 44' 54' 56' 149' 151' 152' 154' 155' 156' 157' 158
이레나이우스 56' 156
이레네 53
익나티우스 23' 45' 47' 51' 137' 164
   익나티우스의 서신 45' 47' 51' 164
인술라 18' 97' 98' 101
   인술라 건물 97
읽는 자 32' 48' 54
임명 54' 55' 76
입맞춤 4' 57' 58' 59' 60' 61' 62' 184
   거룩한 입맞춤 4' 57' 58
   사랑의 입맞춤 57
   화평의 입맞춤 59' 61

ㅈ

자기 학대증 164' 197
장로 54' 55' 57' 61' 71' 72' 73' 75' 77' 120' 148' 161
주의 날 23
주일 4' 19' 22' 23' 24' 25' 26' 27' 28' 29' 30' 31' 32' 33' 34' 35' 40' 42' 44' 45' 66' 110' 129' 182
   주일 모임 4' 24' 28' 29' 129
집사 31' 32' 54' 55' 61' 72' 75' 76' 77' 78' 120' 161' 162' 182
   남집사 76' 77
   여집사 76' 77' 78

ㅊ

찬송 5' 34' 40' 126' 127' 128' 129' 130' 131' 133' 134' 135' 139' 140' 141' 142' 143' 166' 192'
　　193
찬양 5' 24' 28' 29' 30' 32' 34' 81' 87' 89' 90' 125' 126' 127' 128' 129' 130' 131' 132' 133' 134'
　　136' 137' 138' 139' 141' 142' 143' 144
춘분일 36
칙령 38' 53' 140' 159' 160' 161' 163

ㅋ

카르타고 24' 25' 45' 161' 162
카타콤 18' 105' 106
케르도 154' 157
　케르도파 154' 157
케린투스 154
　케린투스파 154
케파르 오트나이 5' 18' 111' 112' 116' 117
켈수스 102
콘비비움 18' 87' 88
콘스탄티누스 대제 39' 116' 156' 159
쿠리아케 23
　쿠리아켄 23
　쿠리아코스 23
퀴리아카 115
크로와 164
클레멘트 25' 28' 30' 42' 44' 47' 51' 54' 60' 130' 131' 136' 144
키릴 76' 158
키프리아누스 25' 26' 55' 58' 59' 61' 62' 77' 161

ㅌ

타베르나 18' 101' 108' 109' 110
테르마 103
테르미날리아 38
테르미누스 38
테르툴리아누스 24' 25' 28' 30' 33' 52' 54' 59' 60' 64' 72' 77' 85' 86' 122' 129' 131' 156'
　　163
테오도투스 154' 157
테클라 61' 77
토라 33' 41' 42' 68' 95
트라이아누스 24' 29' 160' 190
트리클리니움 18' 89' 96
　트리클리아 18' 105' 106

주제&인명 색인 183

티모온 155
티뷔카 53' 163
티에스테스 162

ㅍ

파피루스 5' 18' 140' 141' 143' 144
　파피루스 단편 140' 141
페르굴라 18' 108' 109' 110
페르페투아 46' 47' 60
페푸자 154' 155
펠리키타스 46' 47
펠릭스 53' 163
포르피리우스 113' 188
포스 힐라론 129
폴리갑 45' 47' 160' 164
프리밀라 115
플리니우스 24' 25' 29' 30
　소 플리니우스 25' 30
핍박 5' 26' 38' 53' 91' 95' 138' 140' 159' 160' 161' 163' 188
　대핍박 53' 140' 160' 163

ㅎ

학문 공동체 46
　배움의 공동체 46
할렐 81' 128
할렐루야 129' 134' 138
향연 1' 2' 87' 91
헌금 28' 29' 30' 31' 32' 34' 54' 152
헤르마스 44' 47' 73
　목양자 44' 47' 51' 73
호텔 103' 104' 105
화평 59' 60' 61
화해 59
희생 제사 26' 38' 65' 80' 163
히폴리투스 29' 55' 69' 70' 129' 156

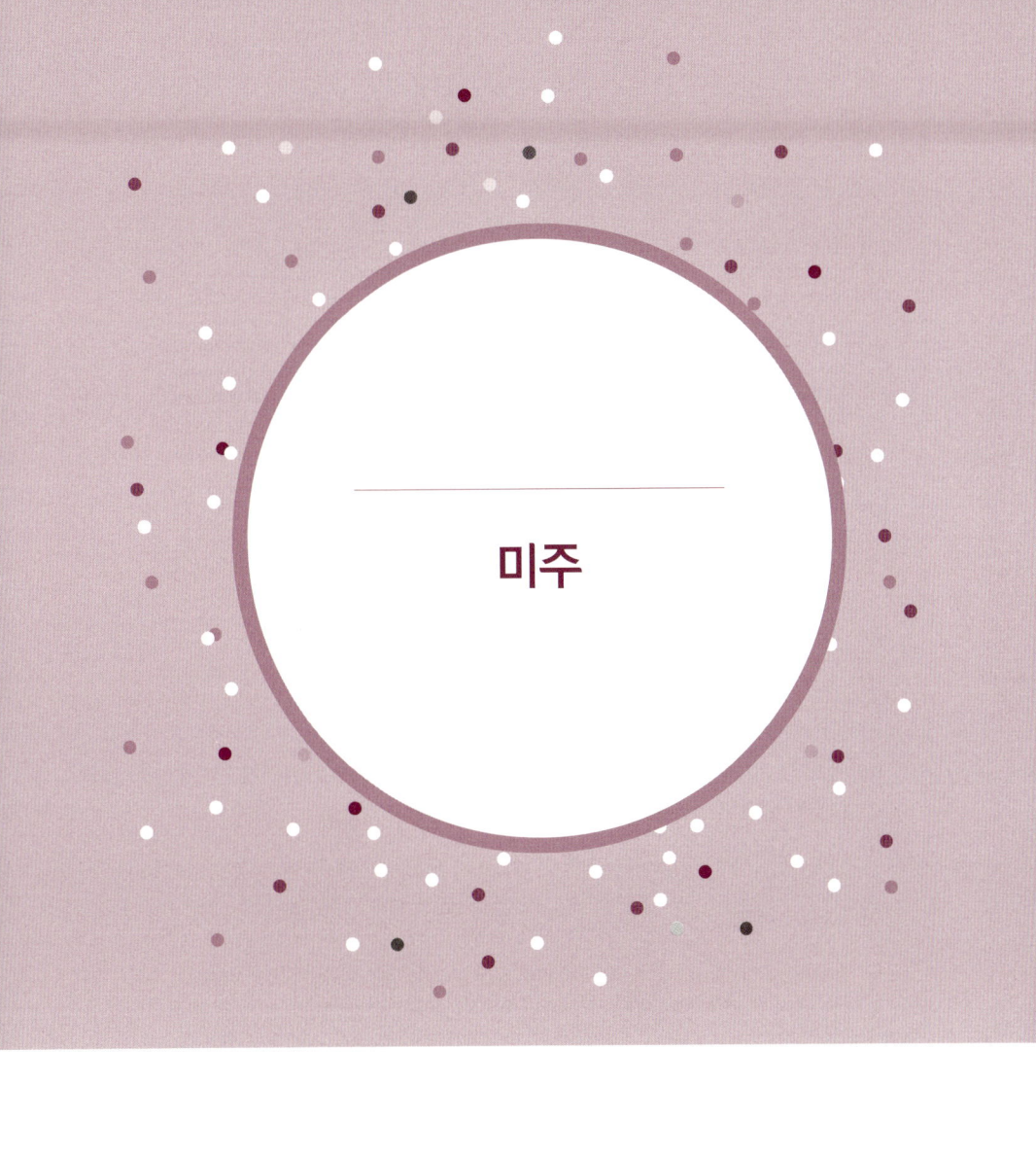

미주

미주

01 G.A. Deissmann, *Bible Studies* (ET: Edinburgh, 1923; repr. 1979), 217.

02 Pliny, *Epistles* 10.96.

03 Samuele Bacchiocchi, *From Sabbath to Sunday: A Historical Investigation of the Rise of Sunday Observance in Early Christianity* (Rome: Pontifical Gregorian University Press, 1977), 98; Rodney D. Nelson, *The Lord's Day in Scripture* (Eugene, OR: Resource Publications, 2019), 112.

04 Tertullian, *On Prayer* 19.1-4.

05 Clement of Alexandria, *Who is the Rich Man That Shall Be Saved* 23; *Paedagogus* 2.10.96; Tertullian, O*n the Military Garland*, 3.3-4; *On the Soul* 9.4; Origen, *Homilies on Genesis* 10.3; *Homilies on Joshua* 4.1; Cyprian, O*n the Lord's Prayer* 18; *On Almsgiving* 15; *Epistle* 29.1.1, 39.4.1, 57.3, 58.1.

06 Cyprian, *Epistles* 63.

07 Cyprian, *Epistles* 39.4.

08 Cyprian, *Epistles* 57.3.

09 G.W. Clarke (trans. and annot.), *The Letters of St. Cyprian of Carthage* (New York: Newman, 1984-89), 3.221.

10 Cyprian, *Epistles* 63.16.

11 Harry A. Rhodes, *History of the Korea mission, Presbyterian Church, U.S.A.*: 1884-1934 (Seoul: Chosen Mission Presbyterian Church U.S.A., 1934), 249.

12 Harry A. Rhodes, *The Fiftieth Anniversary Celebration of the Korea Mission, PCUSA, June 30 - July 3, 1934* (Seoul: Chosen, Post Chapel, John D. Wells School, 1934), 116.

13 박용규, "한국 교회 예배의 변천, 역사적 고찰," 『성경과 신학』 63 (2012), 120-21.

14 *Didache* 9-10.

15 Clement of Alexandria, *Stromata* 6.113.3.

16 Tertullian, *Apology* 39.

17 *Acts of John* 106-10.

18 *Acts of Peter* 1-2, 20-22.

19 *Apostolic Tradition* 25-29.

20 Justin, 1 *Apology* 61-62.

21 Justin, 1 *Apology* 67.3-7.

22 Hans Lietzmann, *Mass and Lord's Supper* (Leiden: Brill, 1979), 211.

23 Dan Nässelqvist, *Public Reading in Early Christianity: Lectors, Manuscripts, and Sound in the Oral Delivery of John 1-4* (Leiden: Brill, 2015), 110.

24 Origen, *Homilies on Exodus* 12.2.

25 Tertullian, *To His Wife* 2.5.

26 박용규, "한국 교회 예배의 변천, 역사적 고찰," 118.

27 박용규, "한국 교회 예배의 변천, 역사적 고찰," 133-34.

28 이 달력은 이탈리아 학자 G. Mancini에 의해서 1915년에 발견되어 1921년에 출판되었다.

29 1월(29), 2월(28), 3월(31), 4월(29), 5월(31), 6월(29), 7월(31), 8월(29), 9월(29), 10월(31), 11월(29), 12월(29)로 총 355일이 된다.

30 Censorinus, *On the Birthday* 20.6.

31 Geraldine Herbert-Brown, *Ovid and the Fasti: A Historical Study* (Oxford: Clarendon Press, 1994), 15.

32 출처. https://en.wikipedia.org/wiki/Fasti_Antiates_Maiores. Access 2021.10.5. 설명은 저자의 것임.

33 Lactantius, *On the Deaths of the Persecutors* 11.7-8.

34 Louis H. Feldman, *Jew and Gentile in the Ancient World: Attitudes and Interactions from Alexander to Justinian* (New Jersey: Princeton University Press, 1993), 158-59.

35 주 7-일 달력을 보여주는 또 다른 달력으로는 *Fasti Foronovani, Fasti Nolani* 가 있다.

36 출처. Corpus Inscriptionum Latinarum 9.4769. 설명은 저자의 것임.

37 이 달력에 대해서는 Mary Beard, John North and Simon R. F. Price, *Religions of Rome* (Cambridge: Cambridge University Press, 1998), 2.75-77 참조하라.

38 Mishnah, *Megillah* 4.3.

39 발견된 형태의 쉐마는 세 개의 본문(신 6:4-9, 신 11:13-21, 민 15:37-41)으로 구성되어 있다. 미쉬나에 따르면, 아침과 저녁 매일 두 번씩 쉐마를 낭독하는 것을 말하고 있는

데, 낭독 때는 베라코트(*Berakot*)도 함께 행하는데 아침의 경우 낭독 전 두 번, 후에 한 번이고, 저녁의 경우 낭독 전후 각각 두 번이다(*Ber.* 1.1-4).

40 테필라(Tefillah)는 기도인데 후에는 '서 있다'는 뜻을 가진 아미다(Amidah)라고 알려지기도 했다. 테필라는 또한 셰모네 에스레(Shemoneh Esreh, 18이라는 뜻)라 불리기도 했는데 이는 테필라의 내용이 18개의 구별된 단락으로 고정되어 있었기 때문이다. 미쉬나에 따르면, 테필라는 매일 아침, 점심, 저녁 하루 세 번씩 드려졌는데(*Berakot.* 4.1), 이 관습이 1세기 때에 행해졌는지 아니면 후에 형성된 관행이었는지 이에 대해서는 학자들 사이 이견이 있다.

41 Justin, 1 *Apology* 67.3.

42 더 자세한 논의는 Valeriy A. Alikin, *The Earliest History of the Christian Gathering: Origin, Development and Content of the Christian Gathering in the First to Third Centuries* (Leiden: Brill, 2010), 158-82를 참조하라.

43 Clement of Alexandria, *Stromata* 4.15.

44 Justin, *1 Apology* 67.3-7.

45 H.J. de Jonge, "The Function of Religious Polemics: The Case of the Revelation of John versus the Imperial Cult," T. L. Hettema & A. van der Kooij (eds.), *Religious Polemics in Context* (Assen: Van Gorcum, 2004), 276-77.

46 Eusebius, *Church History* 3.25.3.

47 총 여덟 작품은 *Prayer of the Apostle Paul, Gospel of Truth, Tripartite Tractate, Treatise on the Resurrection (Letter to Rheginus), Gospel of Philip, Apocalypse of James, Interpretation of Knowledge, A Valentinian Exposition* 이다.

48 Eusebius, *Church History* 3.3.6.

49 Eusebius, *Church History* 4.23.9-11.

50 Polycarp, *Epistle to the Philippians* 13.2.

51 Origen, *Against Celsus*, 1.63.

52 신약 성경 빌립보서의 분량과 비슷하고, 총 16장으로 구분되어 있는데, 길(1-6장), 세례, 금식, 기도, 성찬식(7-10장), 사도, 선지자들에 대한 태도(11-13장), 주일 예배와 감독, 집사(14-15장), 종말론(16장) 등의 내용으로 구분된다.

53 *Martyrdom of Polycarp*, 9.

54 Valeriy A. Alikin, *The Earliest History of the Christian Gathering*, 177.

55 C. Munier (ed.), *Concilia Africae A*. 345-A. 525 (Turnhout: Brepols, 1974), 20-27.

56 C. Munier (ed.), *Concilia Africae A*. 345-A. 525, 43. 구약 성경 목록은 차례대로 창세기, 출애굽기, 레위기, 민수기, 신명기, 여호수아, 사사기 룻기, 열왕기서(regnorum) 4권, 부록서(paralipomenon, 즉 Chronicles) 2권, 욥기, 시편, 솔로몬서 5권, 12 소선지

서, 이사야서, 예레미야서, 에스겔서, 다니엘서, 토빗서, 유딧서, 에스더, 에스라서 2권, 마카비서 2권이다. 신약 성경은, 복음서 4권, 사도행전, 바울서신 14권, 베드로서신 2권, 요한서신 3권, 유다서, 야고보서, 요한계시록이다.

57 Eusebius, *Church History* 6.12.

58 Edwin Judge, "The Early Christians As a Scholastic Community," part 1 & 2, James R. Harrison (ed.), *The First Christians in the Roman World: Augustan and New Testament Essay* (Tübingen: Mohr Siebeck, 2008), 526-52.

59 Claire S. Smith, *Pauline Communities as "Scholastic Communities": A Study of the Vocabulary of "Teaching" in 1 Corinthians, 1 and 2 Timothy and Titus* (Tübingen: Mohr Siebeck, 2012).

60 ESV (English Standard Verstion), NIV (New International Version), NASB (New American Standard Bible Bible), RSV (Revised Standard Version).

61 자세한 내용은 Dan Nässelqvist, *Public Reading in Early Christianity*, 68-72 참고하라.

62 Wytse H. Keulen, *Gellius the Satirist: Roman Cultural Authority in Attic Nights* (Leiden: Brill, 2009), 179.

63 Keith Hopkins, "Christian Number and Its Implications", *JECS* 6.2 (1998), 185-226.

64 Rodney Stark, *The Rise of Christianity: A Sociologist Reconsiders History* (Princeton, N.J.: Princeton University Press, 1996), 7.

65 Paul McKechnie, *The First Christian Centuries: Perspectives on the Early Church* (Downers Grove, IL: InterVarsity Press, 2001), 55-57.

66 Tertullian, *Apology* 39.3.

67 *Passio Felicis* 15.

68 Tertullian, *Prescription Against Heretics* 41.

69 *Teaching of the Apostles* 9.

70 Hippolytus, *Apostolic Tradition* 12.

71 Hippolytus, *Apostolic Tradition* 11-12.

72 *Apostolic Church Order* 19.

73 Apostolic Constitutions 8.22.

74 Siricius, *Letters* 1.10

75 Ireaneus, *Against Heresies* 3.7.1-2

76 Commodian, *Instructions* 2.26.

77   Philippe Moreau, "Osculum, Basium, Savium," *Revue de Philologie* 52 (1978), 90-91.

78   Tertullian, *On Prayer 18.1.6;* Cyprian, *Letter 6.4; The Unity of the Church 13; Martyrdom of Perpetua and Felicitas* 21.7.

79   Cyprian, *The Unity of the Church* 13.

80   *Apostolic Tradition* 18.

81   *Tertullian, On Prayer* 18. 그는 이 작품에서 입맞춤을 지칭하는 용어로 *osculum*과 *pax*, 이 단어를 번갈아 가면서 사용한다.

82   Tertullian, *On Prayer* 18.

83   Cyprian, *Letter* 6.4.

84   Cyprian, *Letter* 6.4.

85   Athenagoras, *Plea for the Christians* 32.5.

86   Clement of Alexandria, *Paedagogus* 3.11.

87   Clement of Alexandria, *Paedagogus* 3.11.

88   *Apostolic Tradition* 18.2-4.

89   Origen, *Commentary on Romans* 10.33.

90   Origen, *Commentary on Romans* 10.33.

91   Tertullian, *To His Wife* 2.4.

92   *Martyrdom of Perpetua and Felicitas* 10.13; 12.4.

93   *Apostolic Constitutions* 8.4. 참고로, 총 8권으로 된 이 작품의 1-6권은 『사도들의 가르침』(*Didascalia Apostolorum*), 7권은 『디다케』(*Didache*), 8권은 『사도의 전통』(*Apostolic Tradition*)과 일부 다른 작품들의 내용으로 각각 구성되어 있다. Paul F. Bradshaw, *The Search for the Origins of Christian Worship: Sources and Methods for the Study of Early Liturgy*, 2nd ed. (London: SPCK, 2002), 84.

94   Michael Penn, *Kissing Christians: Ritual and Community in the Late Ancient Church* (Philadelphia, PA: University of Pennsylvania Press, 2005), 13; 133 notes 25-26.

95   Michael Penn, *Kissing Christians*, 13.

96   Cyprian, *Letter* 80.1.

97   Cyprian, *Letter* 64.4.2; G.W. Clarke, *The Letters of St. Cyprian of Carthage*, 3.310 note 12.

98 Herodotus, *Histories* 2.47.

99 Virgil, *Aeneid* 2.717-20.

100 Plutarch, *Superstition* 3 [=Moralia 166A].

101 Tertullian, *On Baptism* 5.1

102 막 1:4, 눅 3:3, "a baptism of repentance for the forgiveness of sins" (βάπτισμα μετ ανοίας εἰς ἄφεσιν ἁμαρτιῶν),

103 박정수, "세례 요한의 세례와 마태복음의 죄 사함," 『신약논단』 23.4 (2016), 944-49.

104 Colin G. Kruse, T*he Gospel According to John: An Introduction and Commentary* (Grand Rapids, Mich.: William B. Eerdmans, 2004), 260.

105 Laurie Guy, *Introducing Early Christianity: A Topical Survey of Its Life, Beliefs, and Practices* (Downers Grove, Ill.: InterVarsity, 2004), 218.

106 Josephus, *Jewish War* 2.128-9.

107 *Babylonian Talmud*. Keritoth 8b-9a.

108 바빌로니아 탈무드의 Yevamot 47a-b와 후기에 기록된 Grim 1:1에 나타난 유대교 개종의 예식에 대한 자세한 논의는 Shaye J.D. Cohen, T*he Beginnings of Jewishness: Boundaries, Varieties, Uncertainties* (Berkeley: University of California Press, 1999), 198-238을 참조하라.

109 *Babylonian Talmud*, Yevamot 46-47.

110 *Babylonian Talmud*, Yevamot 47a.

111 *Joseph and Aseneth* 11-14.

112 *Babylonian Talmud*, Bava Qamma 82a-b.

113 *Babylonian Talmud*, 'Eduyyoth 5.2.

114 *Mishnah*, Pesachim 8.8.

115 *Apostolic Tradition* 16.2; 21.5; 21.9.

116 *Didache* 7.

117 *Mishnah*, Mikwaot 1.1-8.

118 Justin, *1 Apology* 65.

119 Oskar Skarsaune, *In the Shadow of the Temple: Jewish Influences on Early Christianity* (Downers Grove: InterVarsity Press, 200), 359-60.

120 Justin, *1 Apology* 61.12.

121 Eric Osborn, *Justin Martyr* (Tübingen: Mohr Siebeck, 1973), 179.

122 Gregory of Nazianzus, *Oration* 40.

123 여기에 언급된 문헌들의 순서는 Paul F. Bradshaw, *The Search for the Origins of Christian Worship*, 73-97을 참조하였음을 밝혀 둔다.

124 Paul F. Bradshaw, *Search for the Origins of Christian Worship*, 73.

125 Paul F. Bradshaw, *Search for the Origins of Christian Worship*, 76.

126 Paul F. Bradshaw, *Search for the Origins of Christian Worship*, 82-83.

127 Tertullian, *On the Military Crown* 3.

128 *Physiologus* 6.

129 질문의 내용은 본 저서의 '21. 사도신경은 사도들의 신앙고백일까?'에 기록되어 있다.

130 Juvenal, *Satires* 6.522-525.

131 Everett Ferguson, *Baptism in the Early Church: History, Theology, and Liturgy in the First Five Centuries* (Grand Rapids: Eerdmans, 2009), 31.

132 기독교 세례 의식은 유대교 개종자 세례 의식에 근거를 두고 있다. 본 저서의 '08. 초대 교회의 세례 의식은 어디서 기원했을까?'를 참고하라.

133 *Epistle of Barnabas* 11.11.

134 *Shepherd of Hermas*, Similitude 9.16.4.

135 롬 6:1-11.

136 자료 출처. Laurie Guy, *Introducing Early Christianity*, 223, figure 9.1.

137 자료 출처. Everett Ferguson, *Baptism in the Early Church*, fig. no. 7.

138 전창희, "초대 교회 알몸 세례(naked baptism)에 대한 고찰," 『신학과 실천』 제38호 (2014), 145-69.

139 Hippolytus, *Apostolic Tradition* 21.3, 5, 15.

140 *Babylonian Talmud*, Bava Qamma 82a-b.

141 Cyril of Jerusalem, *Catechetical Lectures* 20.1-2.

142 *Didascalia Apostolorum* 16 (55).

143 *Apostolic Constitutions* 3.2.16.

144 Laurie Guy, *Introducing Early Christianity*, 222-23. 또한 그의 논문, "'Naked' Baptism in the Early Church: The Rhetoric and the Reality," *Journal of Religious*

History 27 (2003), 133-42를 참고하라.

145 *Acts of Paul and Thecla* 9.2.

146 Tertullian, *On Baptism* 17; *On the Veiling of Virgins* 9; *Refutation of Heresies* 41.

147 Cyprian, *Letters* 74.11.

148 John Chrysostom, *Instructions to Catechumens* 1.2.

149 Paul F. Bradshaw, "Women and Baptism in the *Didascalia Apostolorum*," *JECS* 20.4 (2012), 641-45.

150 Laurie Guy, "'Naked' Baptism in the Early Church, 138-39; Everett Ferguson, *Baptism in the Early Church*, 330.

151 G.W.H. Lampe, *A Patristic Greek Lexicon* (Oxford: Clarendon Press, 1961), 324.

152 *Babylonian Talmud*, Yebamot 47b.

153 Joseph, *Jewish War* 2.14.3.

154 Marvin R. Wilson, Our Father Abraham: *Jewish Roots of the Christian Faith* (Grand Rapids: William B. Eerdmans, 1989), 242.

155 Joseph, *Jewish War* 4.9.3.

156 Marvin R. Wilson, *Our Father Abraham*, 243.

157 *Babylonian Talmud*, Pesahim 64b.

158 Joachim Jeremias, *The Eucharistic Words of Jesus* (Philadelphia: Fortress Press, 1977), 41-49.

159 Gregory Dix, *The Shape of the Liturgy* (London: Dacre Press, 1945), 50-55.

160 Enrico Mazza, *The Celebration of the Eucharist: The Origin of the Rite and the Development of Its Interpretation* (Collegeville, MN: Liturgical Press, 1999), 29.

161 Oskar Skarsaune, *In the Shadow of the Temple*, 401-02.

162 Hippolytus, *Apostolic Tradition* 23; Tertullian, Against Marcion 1.14.

163 *Clementine Homilies* 14.1; *Acts of John* 85, 109-110.

164 Justin, *1 Apology* 66.4.

165 Tertullian, *On the Prescription of Heretics* 40.3-4.

166 Manfred Clauss, *The Roman Cult of Mithras: The God and His Mysteries*, trans. by Richard Gordon (New York: Routledge, 2000), 109.

167 Hermann Dessau (ed.), *Inscriptiones Latinae Selectae* (Berlin: Weidmann, 1892-1916), vol. 2. n.7212.

168 *Corpus Inscriptionum Latinarum*, xiv 2112.

169 Tertullian, *Apology* 39.16-18.

170 Tertullian, *Apology* 39.19.

171 Cicero, *Ad Fomiliares* 9.24.3.

172 자료 출처. Dennis E. Smith, *From Symposium to Eucharist: The Banquet in the Early Christian World* (Minneapolis: Fortress, 2003), 16.

173 자료 출처. Dennis E. Smith, *From Symposium to Eucharist*, 17.

174 Plutarch, *Quaestiones convivales* 615A, 616D.

175 John D. Griffiths, *The Spirit as Gift in Acts: The Spirit's Empowerment of the Early Jesus Community* (Leiden: Brill, 2022), 90.

176 Peter Lampe. "The Eucharist: Identifying with Christ on the Cross." Interpretation 48.1 (1994), 37. 좀 더 자세한 논의는 Panayotis Coutsoumpos, *Community, Conflict, and the Eucharist in Roman Corinth: The Social Setting of Paul's Letter* (Eugene, OR: Wipf and Stock, 2015), 14-21을 참고하라.

177 각 작품명은 차례대로, *Symposium*, *Septem Sapientium Convivium* 이다.

178 Roman Garrison, T*he Graeco-Roman Context of Early Christian Literature* (Sheffield: Sheffield Academic Press, 1997), 43.

179 Socrates, *Church History*, 6.13. 안디옥의 요한이 콘스탄티노플의 프로클루스에게 보낸 435년의 서신에 보면, 메쏘디우스를 그리스와 일루리곤(Illyricum)에서 활약했던 초대 교부 중 한 명으로 소개하고 있다. 제롬은 메쏘디우스가 데키우스와 발레리아누스 황제 때 순교했다고 증언하고 있으나, 『포르피리우스에 반대하여』라는 작품이 그가 쓴 것임을 받아들인다면 디오클레티아누스 핍박 때 순교했다고 보아야 한다.

180 Methoiuds, The Symposium: *A Treatise on Chastit*y, 11.

181 Methoiuds, The Symposium: *A Treatise on Chastity*, 11.

182 Bradley Blue, "Acts and the House Church," David W. J. Gill and Conrad Gempf (eds.), *The Book of Acts in Its Graeco-Roman Setting* (Grand Rapids, Michigan: Eerdmans, 1994), 140-44.

183 Edward Adams, *The Earliest Christian Meeting Places: Almost Exclusively Houses?*. revised ed. (London and New York: Bloomsbury T & T Clark, 2016), 56.

184 S. Safrai, "Home and Family," Safrai and Stern (eds.), *The Jewish People in the First Century* (Philadelphia: Fortress Press, 1987), 2.731.

185 Safrai and Stern (eds.), T*he Jewish People in the First Century* (Fortress Press: Philadelphia, 1987), 2.730-35.

186 Bradley Blue, "Acts and the House Church," 135.

187 조병수, "초기 기독교의 가정 교회 - 자료 분석,"「신학정론」20 (2002), 42.

188 Paul Fike Stutzman, *Recovering the Love Feast: Broadening Our Eucharistic Celebrations* (Eugene, Ore.: Wipf & Stock, 2011), 13.

189 Eyal Baruch, "Adapted Roman Rituals in Second Century CE Jewish Houses," Joshua J. Schwartz and Peter J. Tomson (eds.), *Jews and Christians in the First and Second Centuries: The Interbellum* 70-132 CE (Leiden and Boston: Brill, 2018), 57.

190 자료 출처. https://www.ostia-antica.org/regio1/12/12-1.htm. Access 2022.04.22.

191 Ignatius, *Epistle to the Smyrnaeans* 8.2; Tertullian, *Apology* 39; Clement of Alexandria, *Paedagogus* 2.1.

192 Valeriy A. Alikin, *The Earliest History of the Christian Gathering*, 51.

193 Gregory S. Aldrete, *Daily Life in the Roman City: Rome, Pompeii, and Ostia* (Norman: University of Oklahoma Press, 2008), 76.

194 David L. Balch, *Roman Domestic Art and Early House Churches* (Tübingen: Mohr Siebeck, 2008), 16.

195 Jerome Murphy O'Connor, *St. Pual's Corinth: Texts and Archaeology*, 3rd ed. (Wilmington: Michael Glazier, 2002), 182.

196 자료 출처. https://fr.wikipedia.org/wiki/Insula#/media/Fichier:Insula_reconstrustion._Casa_di_Diana._Gismondi.JPG. Access 2022.04.28.

197 Vitruvius, *De Architectura* 6.5.

198 Edward Adams, *The Earliest Christian Meeting Places: Almost Exclusively Houses?*. revised ed. (London and New York: Bloomsbury T&T Clark, 2016).

199 F.F. Bruce, *The Book of the Acts* (Grand Rapids: Eerdmans, 1971), 368.

200 Murphy-O'Connor, "Prisca and Aquila: Travelling Tentmakers,"49; Peter Lampe, *From Paul to Valentinus: Christians at Rome in the First Two Centuries*, trans. Michael Steinhauser (Minneapolis: Fortress Press, 2003), 192-93.

201 Edward Adams, *The Earliest Christian Meeting Places*, 139-41.

202 P. Oakes, *Reading Romans in Pompeii* (Minneapolis, MN: Fortress, 2009), 95.

203 자료 출처. Jean-Pierr Adam, *Roman Building: Materials and Techniques* (London: Routledge, 1994), 579-80.

204 Origen, *Against Celsus* 3.55.

205 자료출처. Jean-Pierr Adam, *Roman Building: Materials and Techniques*, 659.

206 *Martyrdom of Justin*, (Recension A) 3. 세 개의 역본이 존재하는데 제일 짧은 Recension A가 가장 원본에 가깝다. 중간 길이의 Recension B에는 "티미오티누스의 아들 마르티누스의 목욕탕 위에"(above the bath of a certain Martinus son of Timiotinus)라고 적혀 있다. 모든 사본에 이 이름이 기록된 부분은 훼손되어 있어 정확한 철자를 파악하기 어렵다. 스나이더는 Myrtinus를 로마의 친위대장 마메르티누스 (Mamertinus, 139-43)와 동일 인물로 보고 있다. Harlow G. Snyder, "'Above the Bath of Myrtinus': Justin Martyr's 'School' in the City of Rome," *HTR* 100 (2007), 355.

207 Fikret Yegül, *Bathing in the Roman World* (Cambridge, MA: Massachusetts Institute of Technology Press, 1992), 66

208 Harlow G. Snyder, "'Above the Bath of Myrtinus'," 356-67. '수라'라는 이름은 트라이아누스 황제의 친구이자 조언자인 리키니우스 수라(Lucius Licinius Sura)에 의해 지어졌기 때문에 붙여졌다.

209 자료 출처. Harlow G. Snyder, "'Above the Bath of Myrtinus'," 342.

210 James E. Packer, *The Insulae of Imperial Ostia* (Rome: The American Academy in Rome, 1971), 74.

211 Sozomen, *Church History* 8.21; Socrates, *Church History* 6.18.

212 Corpus Inscriptionum Latinarum 4.679.

213 Edward Adams, *The Earliest Christian Meeting Places*, 158.

214 *Acts of Peter* 4.

215 Edward Adams, *The Earliest Christian Meeting Places*, 164.

216 Hans Georg Thümmel, *Die Memorien für Petrus und Paulus in Rom: Die archäologischen Denkmäler und die literarische Tradition* (Berlin: de Gruyter, 1999), 78-79.

217 Graydon F. Snyder, *Ante Pacem: Archaeological Evidence of Church Life before Constantine* (Macon: Mercer University Press, 1985), 251-54.

218 자료 출처. Richard Krautheimer, *Early Christian and Byzantine Architecture* (New York: Penguin Books, 1965). 13.

219 G.W.H. Lampe (ed.), *A Patristic Greek Lexicon*, 1361.

220 R. Strelan, *Paul, Artemis and the Jews in Ephesus* (Berlin: Walter de Gruyter, 1996), 254.

221 G.H.R. Horsley (ed.), *New Documents Illustrating Early Christianity*, vol. 1 (Macquarie Univesity: The Ancient History Documentary Research Centre, 1981),

130.

222 Mikael Tellbe, *Christ-Believers in Ephesus* (Tübingen: Mohr Siebeck, 2009), 80-81.

223 Abraham J. Malherbe, *Moral Exhortation: A Greco-Roman Sourcebook* (Philadelphia: Westminster, 1986), 23.

224 Craig S. Keener, *Acts: An Exegetical Commentary* (Grand Rapids, Michigan: Baker Academic, 2014), 3.2827-29.

225 Edward Adams, *The Earliest Christian Meeting Places*, 145-46.

226 J.J. Dobbins and P.W. Foss (eds.), *The World of Pompeii* (London and New York, NY: Routledge, 2007), 468.

227 자료 출처. J.J. Dobbins and P.W. Foss (eds.), *The World of Pompeii*, 110.

228 Edward Adams, T*he Earliest Christian Meeting Places*, 144-45.

229 자료 출처. pompeiiinpictures.com/pompeiiinpictures/R9/9%2008%2002.htm. Access 2021.12.10.

230 P. Oakes, *Reading Romans in Pompeii*, 95.

231 Jenny Read-Heimerdinger and Josep Rius-Camps, *The Message of Acts in Codex Bezae* (London: T&T Clark, 2009), 4.37.

232 Tepper and Di Segni, *A Christian Prayer Hall of the Third Century CE at Kefar 'Othnay (Legio). Excavations at the Megiddo Prison 2005* (Jerusalem: Israel Antiquities Authority, 2006), 50.

233 자료 출처. Tepper and Di Segni, *A Christian Prayer Hall*, 25.

234 자료 출처. Tepper and Di Segni, *A Christian Prayer Hall*, 32.

235 B.A. van Groningen, *Short Method of Greek Paleography*, 42.

236 헬라어, 라틴어뿐만 아니라 곱트어, 아르메니아어 등의 사본에서도 발견된다. 더 상세한 사항은 Larry W. Hurtado, *The Earliest Christian Artifacts: Manuscripts and Christian Origins*, 제3장, 'The Nomina Sacra'를 참조하라.

237 자료 출처. Tepper and Di Segni, *A Christian Prayer Hall*, 36.

238 자료 출처. Tepper and Di Segni, *A Christian Prayer Hall*, 41.

239 Joe Zias, "Israeli Prisoners Dig Their Way to Early Christianity," *New York Times* (7 Nov 2005).

240 Edward Adams, T*he Earliest Christian Meeting Places*, 98-99.

241 Michael Peppard, *The World's Oldest Church Bible, Art, and Ritual at Dura-*

Europos, Syria (New Haven: Yale University Press, 2016), 11-14.

242 자료 출처. Yale University Art Gallery, Dura- Europos Collection.

243 Carl H. Kraeling, *The Excavations at Dura Europos: Final Report, vol. 8, part 2, The Christian Building* (New Haven: Yale University Press, 1967), 38.

244 자료 출처. Yale University Art Gallery, Dura- Europos Collection.

245 Carl H. Kraeling, *The Excavations at Dura Europos*, 10, 38; Graydon F. Snyder, *Ante-Pacem*, 128-34.

246 Ramsay MacMullen, T*he Second Church: Popular Christianity A.D. 200-400* (Atlanta, GA: Society of Biblical Literature, 2009), 1.

247 *Didascalia Apostolorum* 2.57.

248 자료 출처. Ramsay MacMullen, *The Second Church*, 5.

249 Robin M. Jensen, *Living Water: Images, Symbols, and Settings of Early Christian Baptism* (Leiden: Brill, 2010), 183.

250 Robin M. Jensen, *Living Water*, 43.

251 Robin M. Jensen, *Living Water*, 184.

252 Tertullian, *On Baptism* 9.

253 Ephrem, *Hymns for the Feast of Epiphany* 7.20-21.

254 자료 출처. Yale University Art Gallery, Dura- Europos Collection.

255 Richard Krautheimer, *Early Christian and Byzantine Architecture*, 5.

256 Johann Peter Kirsch, *Die römischen Titelkirchen im Altertum* (Paderborn: Druck und Verlag von Ferdinand Schoningh, 1918), 1.

257 L. Michael White, *The Social Origins of Christian Architecture* (Valley Forge, PA: Trinity Press, 1990), 102-39.

258 이상규,『한국 교회사의 뒤안길: 한국 교회의 역사와 전통, 그리고 신앙과 고백』(킹덤북스, 2015), 171-75. 1절 가사는 다음과 같다. "쥬님 날 ᄉᆞ랑흡을 셩경으로 내가 아오 / 보부 | 피흘님으로 두려온 모읍업시ᄒᆞ오 / 예수씨 날 ᄉᆞ랑ᄒᆞ오 예수씨 날 ᄉᆞ랑ᄒᆞ오 / 예수씨 날 ᄉᆞ랑ᄒᆞ오 셩경으로 내가 아오."

259 조숙자, "한국 최초의 감리교 찬송가 [찬미가] 연구,"『장신논단』17(2001), 497-502.

260 랄프 마틴,『초대 교회 예배』, 75.

261 *Apostolic Constitutions* 7.48. 이 찬송은 라틴어로 "*Nunc dimittis servum tuum Domine*" 시작되기에 'Nunc Dimittis'로 알려져 있다.

262 눅 2:14. "*Gloria in excelsis Deo, et in terra pax hominibus bonæ voluntatis.*"

263 Lucien Deiss, *Springtime of the Liturgy: Liturgical Texts of the First Four Centuries*, trans. Matthew J. O'Connell (Collegeville, MN: Liturgical Press, 1979), 252.

264 Athanasius, *Treatise on Virginity* 20.

265 *Apostolic Constitutions* 7.47.

266 고전 14:26.

267 Margot Fassler and Peter Jeffery, "Christian Liturgical Music from the Bible to the Renaissance," L.A. Hoffman and J. Walton (eds), *Sacred Sound and Social Change: Liturgical Music in Jewish and Christian Experience* (Notre Dame, IN: University of Notre Dame Press. 1992), 86.

268 Charles Cosgrove, *An Ancient Christian Hymn with Musical Notation: Papyrus Oxyrhynchus 1786* (Tübingen: Mohr Siebeck, 2011), 152.

269 각각에 대한 설명은 랄프 마틴, 『초대 교회 예배』, 83-89 참조하라.

270 Hippolytus, *Apostolic Tradition* 25; Roger T. Beckwith, *Calendar and Chronology, Jewish and Christian: Biblical, Intertestamental and Patristic Studies* (Leiden: Brill, 2005), 206.

271 Tertullian, *On the Soul* 9; *On the Flesh of Christ* 20.3.

272 *Acts of Paul* (on Papyrus Hamburg) pp. 6-7.

273 Balthasar Fischer, "Le Christ dans les paaumes," *La Maison-Dieu* 27 (1951), 86-113.

274 Basil, *On the Holy Spirit* 29.73.

275 M. Geerard and F. Glorie (eds.), *Clavis Patrum Graecorum* (Turnhout, 1974-87), 1 no. 1355.

276 더 자세한 논의는 Charles H. Cosgrove, "Clement of Alexandria and Early Christian Music," *JECS* 14 (2006), 255-282를 참조하라.

277 Clement of Alexandria, *Paedagogus* 3.12.101.

278 1연 10행(1-10), 2연 8행(11-18), 3연 10행(19-28), 4연은 6행(29-34), 5연 7행(35-41), 6연 12행(42-53), 7연 13행(54-66).

279 Clement of Alexandria, *Stromata* 7.7.35.

280 Tertullian, *To Wife* 2.6 2.8.8-9.

281 Tertullian, *To Wife* 2.6.

282 엡 5:19, "시와 찬송과 신령한 노래들로 서로 화답하며 너희의 마음으로 주께 노래하

며 찬송하며."

283 *Apostolic Constitutions* 3.7.7.

284 Eusebius, *Church History* 7.24.4.

285 G.R.H. Horsley, "Epitaph for a Jewish Psalm-Singer," *New Documents Illustrating Early Christianity* (North Ryde, NSW: Ancient History Documentary Research Centre, 1976), 1.115-17.

286 자세한 논의는 James H. Charlesworth, "Odes of Solomon," in idem (ed.), *The Old Testament Pseudepigraph* (Garden City: Doubleday, 1985), 2.726-27을 참조하라.

287 Frederick C. Conybeare, "The Odes of Solomon: Montanist," *Zeitschrift für die neutesamentliche Wissenschaft* 12 (19111), 70-75; S.A. Fries, "Die Oden Salomons: Montanistischen Lieder aus dem 2. Jahrhundert," *Zeitschrift für die neutesamentliche Wissenschaft* 12 (1911), 108-25.

288 Mark Pierce, "Themes in the Odes of Solomon and Other Early Christian Writings and Their Baptismal Character," *Ephemerides Liturgicae* 98 (1984), 53.

289 James H. Charlesworth (ed.), *The Old Testament Pseudepigrapha* (Garden City, New York: Doubleday, 1983-1985), 2.729.

290 Clement, *Paedagogus* 1.43.3-4.

291 Clement, *Paedagogus* 1.39.1; 1.39.6.

292 Ignatius, *Epistle to the Romans* 7.2.

293 이에 대한 자세한 논의는 D. E. Aune, "The Odes of Solomon and Early Christian Prophecy," *NTS* 28 (1982), 435-60을 참조하라.

294 A.S. Hunt and S. Jones, "Christian Hymn with Musical Notation," *The Oxyrhynchus Papyri*, vol. 15 (1922), 21-25

295 Eusebius, *Historia Ecclesiastica* 8.2.4-5; De Martyribus Palaestinae (S) pref.

296 Charles Cosgrove, *An Ancient Christian Hymn with Musical Notation*, 150.

297 Charles Cosgrove, *An Ancient Christian Hymn with Musical Notation*, 144-45.

298 자료 출처. Charles Cosgrove, *An Ancient Christian Hymn with Musical Notation*, 15.

299 *The Liturgy of St James* 14.

300 Synesius, *Hymn* 1.72-85; 2.28-43.

301 M.L. West, "Analecta Musica," *Zeitschrift für Papyrologie und Epigraphik* 92 (1992), 48-50; C. Cosgrove, *An Ancient Christian Hymn with Musical Notation*, 39-44.

302 Ernst Heitsch (ed.), *Die griechischen Dichterfragmente der Römischen Kaiserzeit*

(Göttingen: Vandenhoeck und Ruprecht, 1961), no. 51

303 Basil, *On the Holy Spirit* 29.73.42-43.

304 *Testamentum Domini* 1.23.

305 Didymus, *On the Trinity* 3.309.

306 C. Cosgrove, *An Ancient Christian Hymn with Musical Notation*, 60-61.

307 Clement of Alexandria, *Stromata* 7.7.43.2; Origen, *Fragmenta ex commentariis in Proverbia* (PG 13.28.13-14).

308 *PG* 23.645.39-40.

309 자료 출처. https://en.wikipedia.org/wiki/Oxyrhynchus_hymn. Access 2022.01.12.

310 작품의 라틴명은 *De singulis libris canonicis scarapsus*이며, 사도신경은 J.-P. Migne (ed.), *Patrologia Latina* 89.1034에 수록되어 있다.

311 J.N.D. Kelly (trans. and annot.), *Rufinus: A Commentary on the Apostles' Creed* (New York: Newman, 1955), 29-31.

312 *Didache* 7.

313 Tertullian, *Against Praxeas* 26.

314 Ambrose, *On the Sacraments* 2.7.

315 J.-P. Migne (ed.), *Patrologia Latina* 75.335-86.

316 J.N.D. Kelly (trans. and annot.), *Rufinus: A Commentary on the Apostles' Creed*, 28 (p.61).

317 Epiphanius, *Panarion* 21.1.3.

318 Epiphanius, *Panarion* 21.4.5.

319 Sebastian Moll, *The Arch-Heretic Marcion* (Tübingen: Mohr Siebeck, 2010), 92-98.

320 목록 앞의 숫자는 에피파니우스가 『약 상자』에서 매긴 번호에 따른 것임.

321 Epiphanius, *Panarion* 29.7.2-6.

322 Epiphanius, *Panarion* 28.2.3-5, 28.4.1; 행 15:24.

323 Epiphanius, *Panarion* 28.1.2-3.

324 Epiphanius, *Panarion* 28.6.4-5.

325 Didymus, *On Trinity* 3.41.1; Epiphanius, *Panarion* 48.11.

326 자료 출처. William Tabbernee, *Montanist Inscriptions and Testimonia: Epigraphic Sources Illustrating the History of Montanism* (Macon, GA: Mercer University Press, 1997), fig. 80.

327 Irenaeus, *Against Heresies* 1.7.5.

328 Hippolytus, *Refutation of All Heresies* 8.19.1.

329 Eusebius, *Church History* 6.20.3.

330 *Libellus Synodicus*, Mansi 1.723ff.

331 Cyprian, *Epistles* 75.

332 Eusebius, *Church History* 5.16.8.

333 Cyril, *Catechetical Lectures* 18.26.

334 Pliny, *Letters* 10.96.5-6.

335 Barnes, "Legislation against the Christians," 48.

336 *Martyrdom of Polycarp* 9.

337 *Martyrdom of Polycarp* 9.

338 Cyprian, *Epistles* 80.1.

339 Cyprian, *Epistles* 80.2.

340 *Martyrdom of Marianus and James* 5.3-10.

341 *Martyrdom of Marianus and James* 12.7.

342 *Martyrs of Lyons* 19.

343 *Martyrs of Lyons* 26.

344 *Martyrdom of Apollonius* 41.

345 *Martyrdom of Felix* 15.

346 *Martyrdom of Felix* 30.

347 *Martyrdom of Julius the Veteran* 2.6.

348 *Martyrdom of Julius the Veteran* 3.5.

349 E.R. Dodds, *Pagan and Christian in an Age of Anxiety* (New York: Norton, 1965).

350 G.E.M. de Ste Croix, "Why were the Early Christian Persectued?", *Past & Present* 26 (1963), 6-38.

351 Leonard L. Thompson, "The Martyrdom of Polycarp: Death in the Roman Games", *The Journal of Religion* 82.1 (2002), 27-52.

352 자기 학대증으로 설명한 경우는, Donald W. Riddle, *The Martyrs: A Study in Social Control* (Chicago: University of Chicago Press, 1931); Theodore Reik, *Masochism in Sex and Society* (New York: Pyramid Books, 1976) 참조하라.